Hans Werner Nopper

Die vorbonifatianischen Mainzer Bischöfe

Für meine Eltern und für Silke

Hans Werner Nopper

DIE VORBONIFATIANISCHEN
MAINZER BISCHÖFE

Eine kritische Untersuchung der Quellen
zu den Anfängen des Bistums Mainz
und zur Zuverlässigkeit der Bischofslisten

Umschlagbild:
Mainzer Bischofsliste im direkten Anschluss an eine Liste römischer Päpste (= Auszug aus dem Codex Bernensis nr. 378 [s. X/XI], fol. 86v - 87r, Burgerbibliothek Bern); Mainzer Dom St. Martin (eigene Photographie);
Hintergrund der Rückseite: mit "Crescens" beginnender "Catalogus Episcoporum et Archiepiscoporum"/ ecclesie Maguntinensis" aus der Hand des Christian Geverdes (1507) (=Codex Darmstadiensis nr. 820 [s. XVI], fol. 81r; Hessische Landes- und Hochschulbibliothek Darmstadt)

Die Deutsche Bibliothek - CIP-Einheitsaufnahme

Nopper, Hans Werner:
Die vorbonifatianischen Mainzer Bischöfe : eine kritische Untersuchung der Quellen zu den Anfängen des Bistums Mainz und zur Zuverlässigkeit der Bischofslisten / Hans Werner Nopper. -
Mülheim an der Ruhr: H. W. Nopper;
[Norderstedt] : [Books on Demand], 2001
ISBN 3-8311-2429-9

© Hans Werner Nopper, Mülheim an der Ruhr
Alle Rechte, insbesondere die der Vervielfältigung, liegen beim Autor.
2001

Herstellung: Books on Demand GmbH, Norderstedt

ISBN 3-8311-2429-9

Inhalt

0.	Vorwort	7
1.	Einleitung	9
2.	Die Frühgeschichte des Bistums Mainz	11
2.1.	Die Entstehung der Zivilstadt	11
2.2.	Die Anfänge des Christentums in Mainz	14
2.2.1.	Die ersten literarischen Quellen über das Mainzer Christentum	15
	- Irenäus	15
	- Sozomenus	19
	- Die Kölner Synode (346)	20
	- Hilarius von Poitiers	27
	- Ammianus Marcellinus	27
2.2.2.	Die Verwüstungen des fünften Jahrhunderts und das Ende der Römerherrschaft	30
	- Der Germaneneinfall des Jahres 406	30
	- Die Hunnenbedrängnis	33
	- Die Wiederherstellung der Stadt im sechsten Jahrhundert	38
2.2.3.	Archäologische Zeugnisse über die Anfänge des Christentums in Mainz	40
2.2.3.1.	Christliche Grabsteine	40
2.2.3.2.	Erste Kirchbauten	41
	- Bischofskirche	41
	- Frühe Zömeterialkirchen	43
	- St. Hilarius	43
	- Der 'Dimesser Ort'	44
	- St. Alban	45
3.	Die frühen Mainzer Bischöfe im Spiegel der Bischofslisten	49
3.1.	Beschreibung und Verhältnisbestimmung der überlieferten Bischofslisten	49
3.2.	Die Translation von zehn Mainzer Bischöfen im Jahre 935	55
3.3.	Die Erweiterung der Bischofsreihe um Crescens	65

3.4.	Die Erweiterung um Mar(t)inus, Sophronius, Bothadus und Ruthardus	69
3.4.1.	Marinus	69
3.4.2.	Sophronius	73
3.4.3.	Bothadus und Ruthardus	74
3.4.3.1.	Bothadus	76
3.4.3.2.	Ruthardus	79
3.4.4.	Bewertung der Erweiterung	80
3.5.	Die Namen der ältesten Liste	81
3.5.1.	Aureus	81
3.5.2.	Maximus	95
3.5.3.	Sidonius	97
3.5.4.	Sigimundus	103
3.5.5.	Leudegasius	105
3.5.6.	Petilinus	109
3.5.7.	Lanwaldus	110
3.5.8.	Laboaldus	110
3.5.9.	Rigibertus	113
3.5.10.	Die beiden letzten vorbonifatianischen Bischöfe	117
3.5.10.1.	Geroldus	118
3.5.10.2.	Gewiliobus	120
3.6.	Die Alban- und Theonestlegende	124
4.	Zusammenfassung der Ergebnisse	133
	Literaturverzeichnis	137

0. Vorwort

Die Anfänge des Christentums in Mainz reichen ohne Zweifel in die Römerzeit zurück. Ab wann ist aber mit einer bischöflich verfassten Kirche zu rechnen? Ausgehend von dieser Frage werden die in recht späten und disparaten Listen namentlich überlieferten frühen Mainzer Bischöfe einer genauen Untersuchung unterzogen, indem die greifbaren literarischen und archäologischen Quellen detailliert vorgestellt und ausgewertet werden.

Wenn versucht wird, den einzelnen vor Bonifatius überlieferten 15 Bischofsnamen - von dem fragwürdigen Mar(t)inus über Aureus bis Gewiliobus (8. Jh.) - ein historisch vertretbares Profil zu verleihen, gilt es vor allem bei den Bischöfen der Römerzeit, zuverlässige Informationen von legendenhaften Erweiterungen zu scheiden, wie sie mit Sicherheit etwa bei der Aureus- oder der Theonest-Tradition eingeflossen sind. Mit den hier vorgelegten Ergebnissen hofft der Verfasser, einen Beitrag zur weiteren Aufhellung einiger Aspekte der frühen Mainzer Kirchengeschichte leisten zu können.

Die vorliegende Untersuchung wurde in ähnlicher Form 1995/96 an der Universität Bonn im Fach Katholische Theologie, Bereich Alte Kirchengeschichte, als Examensarbeit angenommen. An dieser Stelle möchte ich besonders Herrn Professor Ernst Dassmann herzlich danken, der die Behandlung des Themas angeregt und im Rahmen seiner Arbeit an dem unten genannten Werk konstruktiv begleitet hat.

Die relevante Sekundärliteratur konnte auf diesem Hintergrund bis 1995 berücksichtigt werden, zusätzlich sei jetzt aber vor allem auf das von F. Jürgensmeier in zwei Teilen herausgegebene grundlegende neue Handbuch der Mainzer Kirchengeschichte 1/1-2: Christliche Antike und Mittelalter (= Beiträge zur Mainzer Kirchengeschichte 6) Würzburg 2000 hingewiesen, insbesondere auf die Beiträge von Ernst Dassmann, Das Bistum in römischer und fränkischer Zeit (Teil 1, 19-60) und Franz Staab, Die Mainzer Kirche im Frühmittelalter, § 3 Der Entwicklungsstand der Mainzer Kirche bis Bonifatius (ebd., 87-116). An speziellerer Literatur sind hier noch die neueren Aufsätze 'Series episcoporum Moguntinorum. Die vorbonifatianischen Bischöfe' von Josef Semmler (AMRhKG 50 (1998) 423-434) sowie zu Gerold (Kap. 3.5.10.1) 'Rudi populo adhuc rudis presul' von Franz Staab (in: J. Jarnut u.a. (Hg.), Karl Martell in seiner Zeit (Sigmaringen 1994) 252-275) zu nennen.

Mülheim an der Ruhr, im Sommer 2001   Hans Werner Nopper

Karte

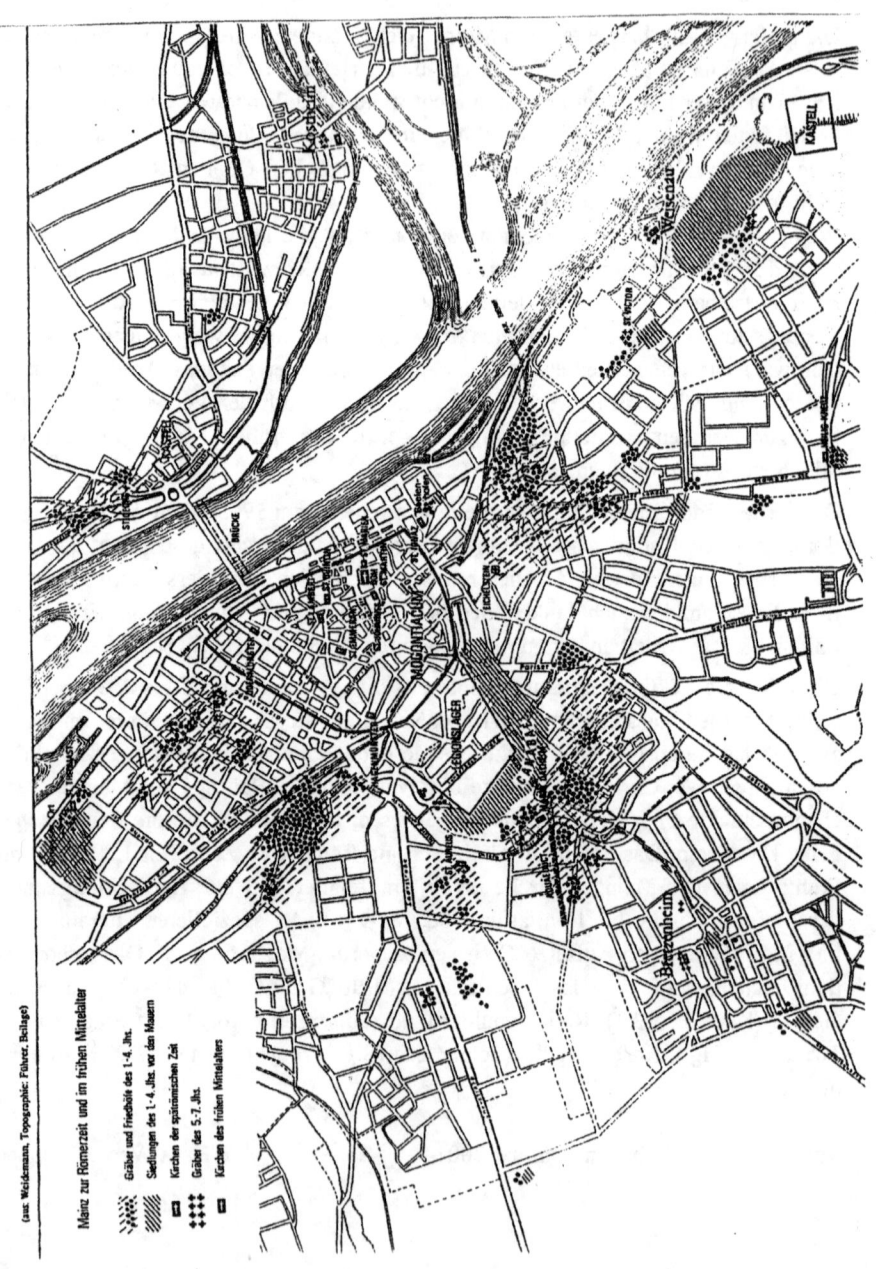

1. Einleitung

Die ehemalige römische Garnisonsstadt Mainz, die auf eine etwa 2000-jährige Geschichte zurückblicken kann, gehört zu den frühesten Stätten des Christentums in Deutschland. Wann die ersten Christen nach Mainz kamen und ab welcher Zeit von einer Mainzer Kirche gesprochen werden kann, sind Fragen, für deren Beantwortung aber erst spätere Nachrichten zur Verfügung stehen, als dies etwa in Nachbarbistümern der Fall ist. Während Trier bereits ab der Mitte des dritten Jahrhunderts Bischöfe nachweisen kann[1] und in Köln schon vor dem im Jahre 313 bezeugten Maternus eine Gemeinde bestanden haben wird[2], hat in Mainz möglicherweise die lange anhaltende militärische Prägung der Stadt den Durchbruch eines organisierten Christentums im Vergleich zu jenen Städten verzögert.

In dieser Arbeit sollen die Anfänge einer bischöflichen Leitung der Mainzer Kirche untersucht werden. Die einzelnen Bischöfe, deren Namen und Reihenfolge die seit dem 10. Jahrhundert verfaßten Bischofslisten angeben, werden in den Blick genommen und auf ihre Historizität untersucht. Die chronologische Begrenzung stellt dabei die Übernahme des Bistums durch den Erzbischof und päpstlichen Legaten Bonifatius um 746/7 dar; ein Schwerpunkt soll jedoch bei den römerzeitlichen Bischöfen liegen. Seit der großen Erneuerung der Mainzer Kirche im sechsten Jahrhundert unter Sidonius wirkt das Christentum fest verankert und sichere Nachrichten, welche die Mainzer Kirche betreffen, werden zahlreicher.
Besondere Beachtung gilt der Frage, ab welcher Zeit die kirchliche Organisation so weit entwickelt war, daß mit einem Bischof in Mainz gerechnet werden darf. Nur auf dieser Grundlage kann versucht werden, zu einer Beurteilung der bei den ersten Namen voneinander abweichenden Überlieferung in den Mainzer Bischofslisten zu gelangen. Man muß zum einen im Einzelfall überprüfen, ob die Existenz der genannten Bischöfe überhaupt glaubhaft ist, und darüber hinaus, ob Abweichungen von der tatsächlichen Reihenfolge vorliegen könnten: Gibt es Beweise oder zumindest plausible Erklärungen für das fehlerhafte Vorkommen einiger Namen?

---

[1] Vgl. etwa Boppert, Anfänge 236f.; Dassmann, Anfänge 69.
[2] Vgl. Dassmann, Anfänge 109.

Zum anderen ist die Frage nach der Vollständigkeit der überlieferten Namenslisten zu stellen. Sind möglicherweise frühe Kirchenleiter in Vergessenheit geraten und konnten somit von den Verfassern der Listen nicht berücksichtigt werden? Eine wichtige Voraussetzung ist die Untersuchung der frühen Bistumsgeschichte, denn gerade für die Anfangszeit des Christentums sind sichere, direkte Bezeugungen von Mainzer Bischöfen kaum zu erbringen. Ob die Bischofslisten zu spät einsetzen oder Lücken aufweisen, kann nur unter Einbeziehung der Zeugnisse zu beantworten versucht werden, die insgesamt das Mainzer Christentum betreffen. Aus diesem Grunde soll im ersten Teil der Arbeit die Entwicklung der Mainzer Kirche bis zu ihrer endgültigen Stabilisierung anhand literarischer und archäologischer Zeugnisse nachgezeichnet werden.

Auf diesem Hintergrund können dann im zweiten Teil die einzelnen Bischöfe in den Mittelpunkt der Betrachtung rücken. Die aus Legenden und anderen Quellen über sie erhaltenen Informationen sind auf ihren geschichtlichen Kern hin zu untersuchen. Ausgehend von dem Gerüst, das sich aus zuverlässigen Nachrichten ergibt, soll der jeweilige Bischof historisches Profil erhalten und - soweit möglich und nötig - in die Mainzer Geschichte eingeordnet werden.

Abkürzungen

1. Siglen für Zeitschriften, Reihen und Sammelwerke sind S. Schwertner, Internationales Abkürzungsverzeichnis für Theologie und Grenzgebiete (Berlin / New York 1974) entnommen.

2. In den Anmerkungen werden alle ins Literaturverzeichnis aufgenommenen Titel mit Verfassernamen und, wo es der Orientierung zweckdienlich scheint, mit zusätzlichem Stichwort zitiert.

Sofern nicht anders vermerkt, wird von Quellentexten eine eigene Übersetzung geliefert, welche sich - trotz der textkritisch oft problematischen Überlieferung der Inschriften - um Wörtlichkeit bemüht.

2. Die Frühgeschichte des Bistums Mainz

Auf die Entstehung und Entwicklung der Stadt, damit auf die Profangeschichte, kann hier natürlich nur in Auswahl eingegangen werden. Ein Überblick soll dem Zwecke dienen, die für die Ausbreitung des Christentums relevanten Ereignisse einordnen zu können, damit diese nicht zu isolierten und damit unüberprüfbaren Einzeldaten werden. Entscheidend für die Fragestellung dieser Arbeit ist, ab wann mit einer Kathedrale und einem Bischof in Mainz gerechnet werden kann.

2.1. Die Entstehung der Zivilstadt[3]

Mainz, das sich zwar im Gebiet kleinerer Siedlungen aus spätkeltischer Zeit zu befinden scheint[4], geht im wesentlichen erst auf die Gründung des ca. 35 ha messenden Zweilegionenlagers auf der Rheinhochterrasse gegenüber der Mainmündung - ca. 800m westlich der heutigen Stadt- zurück. Zur Sicherung Galliens gegen die Germanen und als Ausgangsbasis für römische Vorstöße in Richtung der Elbe kamen spätestens im Jahre 13 v. Chr. die 14. und die 16. Legion nach Mainz, um an den Feldzügen des Drusus mitzuwirken. Im Jahre 43 n. Chr. wurden sie von der 4. und der 22. Legion abgelöst, wovon die letztere - mit einer ca. 20-jährigen Unterbrechung von 70/71 bis 92 - fortwährend bis zur Auflösung des Lagers um 370 in Mainz blieb und daher auch die "Mainzer Legion" genannt wird[5]. Wegen der relativ geringen Lagerausmaße wurde wahrscheinlich in den Jahren 39/40 die Ein-

---

[3] Vgl. zum Folgenden die Karte auf S. 8.

[4] Gräberfunde weisen auf vorrömische Besiedlung im Bereich von Weisenau und vor allem Bretzenheim im Zahlbachtal hin, also in unmittelbarer Nähe des späteren Legionslagers. Möglicherweise von daher erhielt dieses den sicher keltisch beeinflußten Namen Mogontiacum, der den Eigennamen Mogontius bzw. Mogon beinhaltet, die keltische Bezeichnung für den römischen Gott Apollo; vgl. Inscriptiones Germaniae superioris (CIL XIII, 297); nach Schumacher, Mainz 25f; vgl. Baatz, Mogontiacum 83; Stümpel, Urgeschichte: Führer 31/3; Esser, Mogontiacum 213, Anm. 6; Dekker/Selzer 462f.; Böhner, Mainz 372.

[5] Ledroit, Christentum 31; Baatz, Mogontiacum 86/8; Klumbach, Legionslager: Führer 101; Esser, Mogontiacum 213f.

richtung eines Auxiliarlagers 4 km südlich im Bereich des heutigen Weisenau notwendig[6].

K. H. Esser unterscheidet vier zivile Siedlungskomplexe, die im ersten Jahrhundert durch Händler, Krämer usw. im Bereich der Mainzer Militäreinrichtungen erwuchsen[7]: Gefunden hat man Spuren derartiger Zivilsiedlungen vor der Nordfront des Weisenauer Lagers. Weitere bedeutende Lager-Canabae befanden sich südlich und südwestlich des Hauptlagers beim Zahlbachtal, wo eine Besiedlung bis in das vierte Jahrhundert hinein nachweisbar ist. Ein dritter Siedlungskomplex befand sich nördlich des späteren Stadtgebietes als Hafen- und Fernkaufleutesiedlung beim heutigen Zollhafen, am sogenannten "Dimesser Ort"[8]. Zur "Kernzelle der mittelalterlichen und heutigen Stadt Mainz"[9] entwickelte sich aber der zwischen dem Legionslager und dem Rhein gelegene vierte Zivilsiedlungsbereich, der seit dem ausgehenden ersten Jahrhundert schnell anwuchs, begünstigt auch durch die Aufgabe des Nebenlagers in Weisenau zu dieser Zeit[10].

Mit Sicherheit unzutreffend ist die Ansicht, die bei dem Mönch Sigehard von St. Alban (um 1300) anzutreffen ist, der den Platz der ältesten Stadt aufgrund archäologischer Funde, u.a. einer Theaterruine, "a Rheno longius" in das "Heilige Tal" (vallis sacra) verlegte[11], das etwa zwischen heutigem Friedhof und Zahlbach, nordwestlich des Legionslagers zu lokalisieren ist. E. Neeb vermutet, daß die im 13. Jahrhundert sicherlich noch vorhandenen Reste der Lagerbefestigung diese Ansicht veranlaßten, indem die Unterscheidung von Soldatenstadt und Bürgerstadt

---

[6] Hassel, Weisenau: Führer 105/7; Esser, Mogontiacum 217.

[7] Vgl. Esser, Mogontiacum 218/21; Baatz, Mogontiacum 83f.; Decker/Selzer 468/71.

[8] Decker/Selzer 477 sehen hier aufgrund der 1904 gefundenen und eindeutig auf die Zeit Neros zu datierenden Jupitersäule (Abbildung ebd, Taf. VI) den zivilen Mittelpunkt von Mogontiacum im ersten Jahrhundert; vgl. Esser, Mogontiacum 220.

[9] Esser, Mogontiacum 221.

[10] Decker/Selzer 497; mit "Zivilstadt" ist im folgenden stets diese Region bezeichnet.

[11] Sigehard, Bericht: ActaSS Juni IV,62,1; Die Region erhielt diese Bezeichnung im Mittelalter; Schreiber, Dalheim 20 verweist auf die erstmalige Erwähnung in einer Urkunde von 1218 bei Bodmann, Alterthümer 1,186; die Annahme einer nach den Zerstörungen des 5. Jh. erfolgten Ortsverlagerung der Stadt in Richtung des Rheins findet sich bereits um 1060 bei Gozwin d.Ä. (Passio s. Albani 26; MGH. SS 15,2,989), auf den sich Sigehard zu stützen scheint (vgl. Anm. 223).

unterlassen wurde[12]. Außerdem wird Sigehard durch seine Intention geleitet, die im nördlichen Zahlbachtal - also weit außerhalb der späteren Stadt - gelegene St. Hilariuskapelle als frühchristliche Kathedrale von Mainz auszuweisen, weil in ihr zehn frühe Bischöfe bestattet worden sein sollen[13].

In politischer und wirtschaftlicher Hinsicht gewann Mogontiacum durch den Limesbau unter Domitian an Bedeutung, da es seinen bisherigen Charakter einer Grenzfestung verlor. Die Truppenstärke konnte folgerichtig spätestens seit 90 auf eine Legion reduziert werden. Nach Schaffung der Provinzen Ober- und Niedergermanien um 85 wurde Mainz, das schon nach der Varusschlacht (9 n.Chr.) Sitz des Befehlshabers des obergermanischen Heeres war, zur Residenz des Statthalters der Germania superior, der dem Gebiet von Andernach bis zum Genfer See vorstand[14]. In den Rang einer "civitas", in der dann erst mit einem Bischof gerechnet werden dürfte[15], gelangte Mainz aber offenbar erst um das Jahr 300, wie ein zwischen 293 und 305 entstandener Weihestein erstmals angibt[16]. Als Bestätigung kann die Darstellung des mauerumwehrten Mainz auf dem - ebenfalls in die Zeit um 300 datierten - Lyoner Bleimedaillon hinzugezogen werden[17]. In Übereinstim-

---

[12] Über die Lage des römischen Amphitheaters bei Mainz vgl. Neeb, Amphitheater 35; Weidemann, Topographie 146.

[13] Vgl. zu St. Hilarius S. 43.

[14] Vgl. etwa Klumbach, Mainz: Führer 40; Decker/Selzer 484; Böhner, Mainz 178.

[15] Vgl. B. Kötting, Amt und Verfassung in der Alten Kirche: Ecclesia peregrinans =Münsterische Beiträge zur Theologie 54,1 (Münster 1988) 414; die ausdrückliche Bestimmung, daß jede civitas ein Bischofssitz sein sollte, geht erst auf das Konzil von Serdica (342) zurück; vgl. v. Petrikovits, Germania 595; Jürgensmeier, Bistum 13; vgl. auch H.E. Feine, Kirchliche Rechtsgeschichte. Die Katholische Kirche (Köln/ Wien ⁵1972) 97f., der allerdings einräumt, daß sich der alte Grundsatz über die Deckung von Stadtbezirk und Diözese im Abendland erst in merowingischer Zeit vollständig durchsetzte; auch nach Heinemeyer, Erzbistum 21 geschah dies in Gallien, vom Süden ausgehend, erst "im Verlaufe des 5. Jahrhunderts [...] allmählich".

[16] Inscriptiones Germaniae superioris Nr. 6727 (CIL XIII,2,1,327); vgl. Esser, Mogontiacum 223; Decker/Selzer 510; 517

[17] Abbildung bei Decker/Selzer, Taf. XI; nach Brühl, Palatium 91 m. Anm. 7 (mit Berufung auf W. Seston, Dioclétien et la Tétrarchie, t. I (Paris 1946) 68; 73 m. Anm. 2) bezieht sich die Abbildung auf ein Treffen von Maximian und Diokletian in Mainz im Jahre 291 oder (mit Berufung auf M. Alföldi, Zum Lyoner Bleimedaillon: Schweizeri-

mung damit steht die nunmehr weitgehend akzeptierte Datierung der spätrömischen Stadtmauer, deren erste Bauphase, die noch die Ostmauer der Lagerbefestigung in ihren Verlauf integrierte, bis in die Mitte des dritten Jahrhunderts zurückreicht[18]. Auch wenn aus dem von der Mauer eingeschlossenen Areal keine römischen Bauten erhalten oder genau zu lokalisieren sind[19], darf man aus dem Dargestellten zumindest den sicheren Schluß ziehen, daß sich der Schwerpunkt von der Lagerstadt in die Bürgerstadt[20] Mainz spätestens im dritten Jahrhundert verlagert hatte. Die topographischen Voraussetzungen für die Ausbildung kirchlicher Organisationsformen waren somit seit dieser Zeit gegeben.

2.2. Die Anfänge des Christentums in Mainz

Wann und durch wen das Christentum in Mainz Einzug hielt, ist nicht genau zu ermitteln, da frühe Nachrichten und Funde weitgehend fehlen. Einige frühere Mainzer Geschichtsforscher wollen das Christentum oder gar die Kirche in Mainz schon im ersten Jahrhundert von der 22. Legion eingeführt sehen, die mit der Entwicklung der Stadt aufs engste verbunden ist[21]. Sicherlich darf man zwar unter den

---

    sche Münzblätter 8 [1958] 63/8) auf ein Treffen der Kaiser Maxentius und Constatius Chlorus im Jahre 297;
    den historischen Wert dieses Zeugnisses stellt dagegen Baatz, Mogontiacum 63 in Frage, da nicht sicher sei, ob der Stempelschneider die befestigte Zivilstadt oder etwa das nach dem Bataveraufstand (69/70) in Stein erneuerte Legionslager darstellen wollte.

[18] Klumbach, Stadtmauer: Führer 108; 114; Decker/Selzer 516f.; Brühl, Palatium 99f.
[19] Brühl, Palatium 100.
[20] Als "municipium" ist Mainz jedoch erst für das Jahr 355 von Ammianus Marcellinus, XV,11,8 (Seyfarth 1,65,10) bezeugt; Brühl, Palatium 90, Anm. 4; v. Petrikovits, Mogontiacum 30 bezeichnet Mainz im 3.Jh. als "de-facto-Stadt" wie Reims oder London, die ebenfalls noch kein Stadtrecht besaßen. Der Terminus ante quem der offiziellen Erhebung zur Stadt ist für ihn das von Ammian angegebene Jahr; die Inschrift scheide als früherer Nachweis aus, da derartige de-facto-Städte seit der Verleihung des römischen Bürgerrechtes an alle freien Reichsbewohner im Jahre 212 durch Kaiser Antonin III. (Caracalla) zunehmend "civitates" genannt würden, allerdings nicht im verwaltungstechnischen Sinne.
[21] Friedrich, Kirchengeschichte 1,311 stellt "den außerordentlichen Einfluß der 22. Legion für die Christianisierung von Mainz" heraus; ähnlich Brack, Geschichte 1,448; Fuchs, Geschichte 1,496; mit leicht modifizierter Begründung auch Ledroit, Christentum 31; 35; dagegen wendet Dassmann, Anfänge 16f. ein, daß bis Marc Aurel (um 180) keine

Soldaten oder den Kaufleuten bereits im 2. Jahrhundert einzelne Christen vermuten, die ihren Glauben nach Mainz brachten. Ob man jedoch von einer bischöflich verfaßten Kirche ausgehen kann, wie es z.B. F. Falk schon für die Zeit nach 150 annimmt[22], ist äußerst zweifelhaft und durch nichts beweisbar.

2.2.1. Die ersten literarischen Quellen über das Mainzer Christentum

Das einzige literarische Zeugnis dieser Zeit über Christen im Rheinland ist eine Stelle bei **Irenäus**, dem Bischof von Lyon, in seiner um 180 verfaßten Schrift Adversus haereses. In Kapitel 1,10,2 stellt Irenäus die Bedeutung der Kirche als Bewahrerin des einen Glaubens gegen gnostisch-häretische Abspaltungen mit folgenden Worten heraus:

"Diese Botschaft und diesen Glauben, den die Kirche empfangen hat, wie wir vorher gesagt haben, bewahrt sie, wiewohl <u>über die ganze Welt zerstreut</u>, sorgfältig auf, als ob sie in einem einzigen Haus wohnte [...].
*Denn auch wenn es auf der Welt verschiedene Sprachen gibt, ist aber dennoch die Kraft der Überlieferung ein und dieselbe. Und es glauben weder **<u>die in Germanien gegründeten Gemeinden</u>** anders oder überliefern anders noch diejenigen, die in Spanien, bei den Kelten, im Orient, in Ägypten, in Libyen oder in der Mitte der Welt gegründeten (Gemeinden)"*[23].

---

sicheren Hinweise für Christen im römischen Heer gefunden werden können, so daß diese als Glaubenszeugen im zweiten Jahrhundert wohl noch ausscheiden.

[22] Falk, Jahrtausend 1; ders., Cataloge 16; ebenso Brilmayer, Rheinhessen 281; Dekker/Selzer 530 setzen zwar die Anfänge des Christentums in das 2. Jh., den endgültigen Durchbruch vermuten sie aber erst in nachkonstantinischer Zeit; für die Existenz von Bischöfen in der Mitte des 2. Jh. hat sich zuletzt H. Schreiber, Unsere frühen Bischofssitze (Frankfurt 1989) 65 ausgesprochen, dessen Skizze der Mainzer Frühgeschichte jedoch nur oberflächlich ist.

[23] Irenaeus, Adversus haereses 1,10,2; durch ein Zitat bei Epiphanius v. Salamis (Panarion 31,31,1f.; um 375 verfaßt; GCS Epiphanius 1,432,13/22) ist die Stelle im griechischen Original überliefert:
"[...] Καὶ γὰρ <εἰ> αἱ κατὰ τὸν κόσμον διάλεκτοι ἀνόμοιαι, ἀλλ' ἡ δύναμις τῆς παραδόσεως μία καὶ ἡ αυτή. Καὶ οὔτε αἱ ἐν Γερμανίαις ἱδρυμέναι Ἐκκλησίαι ἄλλως πεπιστεύκασιν ἢ ἄλλως παραδιδόασιν οὔτε ἐν ταῖς Ἰβηρίαις οὔτε ἐν Κελτοῖς οὔτε κατὰ τὰς ἀνατολὰς οὔτε ἐν Αἰγύπτῳ οὔτε ἐν Λιβύῃ οὔτε αἱ κατὰ μέσα τοῦ κόσμου ἱδρυμέναι".

Wie ist die Erwähnung von "αἱ ἐν Γερμανίαις ἱδρυμέναι ἐκκλησίαι" zu bewerten? Die Nachricht des Irenäus ist an sich als durchaus zuverlässig anzusehen. Er zählt, von seiner Umgebung ausgehend, halbkreisförmig die konkreten Regionen auf, in denen das Christentum bisher Fuß fassen konnte, und verrät wirkliche Ortskenntnis[24]. Anders als eine Stelle bei Tertullian (gest. 220), in der dieser von der allgemeinen Verbreitung des Christentums, u.a. auch schon bei den Germanen spricht[25], scheinen die Angaben des Irenäus nicht nur eine rhetorische Veranschaulichung (im Sinne von "überall auf der Welt") zu sein. Auffällig ist, daß er richtig **zwei** Germanien[26] nennt und damit doch wohl die Germania inferior und die Germania superior meint.

Der Terminus ἱδρυμέναι ἐκκλησίαι läßt - auch aufgrund des Kontextes, in dem es um die glaubenbewahrende Funktion der Kirche geht - auf eine gewisse Leitung und Organisation der Gläubigen schließen. Über die Frage, ob Irenäus aber schon durchorganisierte Gemeinden mit einem Bischof an der Spitze vor Augen hatte, kann jedoch nur spekuliert werden[27].

Von welchen Orten spricht Irenäus konkret? Es liegt nahe zu folgern, daß er an ἐκκλησίαι in den Hauptstädten der beiden Germanien Köln und Mainz gedacht

---

[24] v. Petrikovits, Germania 576f.; Maiburg, Grenzen 47; 49; Dassmann, Anfänge 14f.

[25] Tertullian, Adversus Iudaeos 7 (CSEL 70,272,25/273,38; 274,77/275,65); vgl. v. Harnack, Mission 881, Anm. 1; Dassmann, Anfänge 17f.; Origenes (gest. 254) führt dagegen in seinem Kommentar zu Mt 24,14 dieselben Völker als Belege für die noch nicht erfolgte weltweite Verbreitung des Christentums an (GCS Origenes 11, 76,7/10:): "*Quid autem dicamus de Britannis aut Germanis, qui sunt circa Oceanum, vel apud barbaros Dacos et Sarmatas et Scythas, quorum plurimi nondum audierunt evangelii verbum [...]*"?; vgl. Mülhaupt, Kirchengeschichte 24f.; von ebenso fraglichem geographischen Wert wie die Angabe Tertullians ist die Mitteilung des christlichen Rhetors Arnobius von Sicca in seiner um 310 verfaßten (Datierung nach Altaner 183) Schrift Adversus nationes 1,16 (CSEL 4,12), daß bei den Alamannen bereits Christen wohnten; vgl. Dassmann, Germany 347.

[26] Der spätantike lateinische Übersetzer bietet jedoch: "*hae quae **in Germania** sunt fundatae Ecclesiae*" (SC 264,158,14). Die "Korrektur" von einem Plural Γερμανίαις des Originals, der einem mit den genauen geographischen Bedingungen nicht gänzlich Vertrauten als Verschreibung erscheinen mußte, zum Singular ist leichter vorstellbar als der umgekehrte Weg. Nach der lectio difficilior dürfte der ortskundige Irenäus somit m.E. tatsächlich von "den Germanien" gesprochen haben.

[27] Maiburg, Grenzen 48 m. Anm. 69 (Lit.) deutet den Terminus ἐκκλησίαι auf locker organisierte Einzelgemeinden; vgl. auch Dassmann, Germany 347.

haben könnte[28]. In höherem Maße noch, als es bei Köln der Fall ist, ergeben sich jedoch für die Annahme einer bischöflich verfaßten Kirche in Mainz nicht unerhebliche Schwierigkeiten, da keine aussagekräftigen weiteren Hinweise die Irenäusstelle stützen können. Schon H. Friedrich bezweifelt, daß sie auch für Mainz Gültigkeit besitzt, da sich gerade in dieser erst um 300 zur Civitas gewordenen Stadt, die seit der Mitte des dritten Jahrhunderts ständig von Germaneneinfällen bedroht war, die Vorherrschaft des Heeres recht lange gehalten hat. Die Aufsicht der Militärbehörden, sicherlich auch der offizielle Kaiserkult mußten sich auf das Christentum hemmend auswirken[29]. Auch H. von Petrikovits folgert aus dem Fehlen sonstiger Zeugnisse, daß die ältesten christlichen Gemeinden im Rheinland bis in die zweite Hälfte des dritten Jahrhunderts nicht groß und "nirgends von Bischöfen geleitet" gewesen sein können[30]. Die Anfänge des Mainzer Bistums sind mit hoher Wahrscheinlichkeit sogar erst in der zweiten Hälfte des vierten Jahrhunderts anzusetzen[31].

Über die im Irenäuszitat erwähnten Gemeinden kann man nach dem Ausgeführten also keine sicheren Aussagen machen. Alternativ kommt etwa auch Straßburg für die Germania superior in Frage[32], wo aber ebenfalls kein Bischof vor der Mitte des

---

[28] Vgl. v. Harnack, Mission 881; mit Bedenken Dassmann, Anfänge 15f.; Neuss, Anfänge 6; 70 ist sich zwar sicher, daß Irenäus von regelgerecht eingerichteten Gemeinden mit einem Bischof spricht, hält aber für möglich, daß dies nur im allgemeinen von Germanien geschieht und an irgendwelche anderen Städte gedacht ist. Auch nur "ephemere Missionsgründungen" seien denkbar; Falk, Älteste Zeit 39/41 weist auf enge Beziehungen zwischen Lyon und Mainz hin; Maiburg, Grenzen 47 glaubt, daß das Christentum über die Haupthandelsstraßen Lyon - Metz - Trier - Köln bzw. Mainz nach Germanien gelangt sein konnte und Irenäus auf diesem Wege Informationen über die Glaubenssituation in seiner Umgebung erhielt.

[29] Friedrich, Anfänge 79; vgl. Boppert, Anfänge 234:"Mainz war Frontstadt".

[30] v. Petrikovits, Mogontiacum 252f.

[31] Brühl, Palatium 101f. m. Anm. 132 hält dies für völlig zweifelsfrei; wenn er die Ansicht von Decker/Selzer (S.530), die ersten Anfänge des Mainzer Christentums seien wohl bereits in das zweite Jahrhundert zu datieren, als "blanken Unsinn" qualifiziert, übersieht er jedoch, daß es durchaus schon früh ein noch unorganisiertes, vorwiegend privates Christentum ohne bichöfliche Leitung gegeben haben kann.

[32] v. Harnack, Mission 881; Friedrich, Anfänge 31 m. Anm. 9 bezieht die Stelle auf Köln und Straßburg.

vierten Jahrhunderts bekannt ist[33]. Da sich die Germania superior im zweiten Jahrhundert nach Südwesten fast bis Lyon erstreckte, hält U. Maiburg auch eine oder mehrere Gemeinden in unmittelbarer Umgebung des Irenäus für denkbar, etwa in Besancon, Langres, Dijon oder im Gebiet zwischen Lyon und Augst[34].

In der Germania secunda[35] kann Köln immerhin als ersten geschichtlich bezeugten Bischof für das Jahr 313 Maternus vorweisen, der auf Einladung Konstantins an einem Schiedsgericht im Zusammenhang mit der Donatistenfrage in Rom teilnahm[36] und dessen Unterschrift sich zusätzlich - wie die des Agroecius von Trier - in den Akten der Synode von Arles (314) findet[37]. Daß es sich in Köln aber wohl nur um eine sehr kleine Gemeinde gehandelt haben könne, leitet A. von Harnack aus einer Bemerkung des Ammianus Marcellinus ab, nach welcher der Usurpator Silvanus im Jahre 355 zu einem "*conventiculum ritus christiani*" geflohen sei[38]. Wirklichen Schutz kann er sich wohl nur in einem eigenen Gebäude der Christen erhofft haben, ob das "conventiculum" aber - wie A. von Harack meint - auf die Bischofskirche zu beziehen ist, geht aus der Stelle nicht hervor. Sie kann daher kaum zur Begründung seiner Ansicht beitragen, daß die Christen in ganz Germanien noch in nachkonstantinischer Zeit nur geringe Verbreitung gefunden hätten[39].

---

[33] Die Unterschrift eines Amandus von Straßburg findet sich auf der Unterschriftenliste der höchst unsicheren Synode von Köln im Jahre 346; Dassmann, Anfänge 58; vgl. zur Kölner Synode S. 20/4.

[34] Maiburg, Grenzen 48; vgl. Hegel, Rheinische Kirche 10, der die erste Berührung Ostgalliens und des Moselrheingebietes nicht vor der Mitte des 3. Jahrhunderts ansetzen möchte.

[35] Mit der Neugliederung der Reichsverwaltung durch Diokletian (284/305) erhielten die Provinzen Germania inferior bzw. superior die Bezeichnung Germania secunda bzw. prima, wobei letztere ihre gesamten südlichen Gebiete einbüßte; vgl. Heyen, Gebiet 300f.; Heinemeyer, Erzbistum 21f.; v. Petrikovits, Germania 554.

[36] Eusebius, Kirchengeschichte 10,5,19 (GCS Eusebius 2,888,9); Optatus von Mileve, Contra Parmenianum Donatistam 1,23 (um 365; CSEL 26,26,9f.; Mansi 2,436f.); vgl. v. Harnack, Mission 881; Neuss, Anfänge 9f.; Dassmann, Anfänge 108.

[37] Concilium Arelatense, Subscriptiones (CCL 148, 14/22 mehrfach, z.B. 15,44).

[38] Ammianus Marcellinus 15,5,31 (Seyfarth 1,53,6f.); v. Harnack, Mission 881 m. Anm. 4.

[39] Möglicherweise fand die Zusammenkunft in einer Palastkapelle im Prätorium statt; Dassmann, Anfänge 119 m. Anm. 378f.

Ein Mainzer Bischof aber fehlt unter den 33 Unterzeichnern der Synodalakten von Arles, was natürlich nicht zwingend bedeuten muß, daß es noch keinen gegeben hat. Bischöfe aus Mainz nehmen nämlich auch in späterer Zeit nicht regelmäßig an Synoden teil[40]. Jedoch ist es nicht unwahrscheinlich, daß sich das Christentum im eher militärisch geprägten Mainz erst später als in Trier oder Köln durchsetzen konnte. Mit dem Toleranzedikt von Mailand (313) waren aber auch hier günstigere Bedingungen für eine stärkere Missionierung geschaffen worden.

Von Interesse ist ein Zeugnis des **Sozomenus** aus der Mitte des fünften Jahrhunderts. Er schildert in Kapitel 1,6 seiner Kirchengeschichte das Aufblühen des Christentums in Gallien, Britannien und der iberischen Halbinsel unter Konstantius Chlorus und -in noch viel stärkerem Maße- anschließend unter Konstantin. Konkreter zu den Germanen äußert er sich in Kap. 2,6:

"Als die Kirche auf diese Weise im ganzen römischen Reich sich füllte, drang der Glaube auch zu den Barbaren. Denn schon waren die **Stämme im Rheinland** *(ἀμφὶ τὸν Ῥῆνον) christlich; Kelten*[41] *und die jenseits der Gallier als letzte am Ozean Wohnenden, und Goten und deren frühere Nachbarn an den Ufern der Donau, die schon lange am christlichen Glauben teilhatten, ließen sich zu friedlicherer und vernünftiger Lebensweise umstimmen"*[42].

Da Sozomenus keine konkreten Orte angibt, sondern nur allgemein Stämme beiderseits des Rheines (ἀμφί) als christlich bezeichnet, ist natürlich unsicher, ob auch Mainz darunter subsumiert werden darf. Auch über die Organisationsformen des

---

[40] Den Akten der zwischen 314 und 695 in Gallien abgehaltenen Konzilien (CCL 148/148A; MGH. Conc. 1) kann die Teilnahme eines Mainzer Bischofs nur bei den sehr zweifelhaften Synoden zu Köln von 346 ("Martinus"; vgl. unten) und zu Reims von 626/30 ("Lupoaldus"; vgl. S. 110) entnommen werden; Büttner, Christentum am Mittelrhein 20 führt das häufige Fernbleiben der Bischöfe von Rhein und Mosel auf die Grenzlage ihres Bistums zurück.

[41] "Kelten" ist eine archaisierende Umschreibung für Germanen; G.C. Hansen: Quellen IV, 543.

[42] Sozomenus, Kirchengeschichte 2,6,1 (GCS Sozomenus 58,8/13):
"ἤδη γὰρ τά τε ἀμφὶ τὸν Ῥῆνον φῦλα ἐχριστιάνιζον, Κελτοί τε καὶ οἱ Γαλατῶν ἔνδον τελευταῖοι τὸν ὠκεανὸν προσοικοῦσι [...] ἐπὶ τὸ ἡμερώτερον καὶ λογικὸν μεθηρμόσαντο";
Übersetzung nach G. C. Hansen: Quellen IV, 331; vgl. Dassmann, Anfänge 19f; Neuss, Anfänge 7f.

von ihm bald nach Konstantin beschriebenen germanischen Christentums sagt er nichts aus.

Als ersten wirklich greifbaren Nachweis für die Existenz eines Bischofs in Mainz wertet man meist die Unterschrift eines *Martinus episcopus Mogontiacensium* auf der angeblichen **Kölner Synode** vom 12. Mai 346[43]. An dieser Stelle kann natürlich nicht die gesamte, - schon bald nach der erstmaligen Veröffentlichung der Konzilsakten im Druck (1538)[44] in Gang gekommene - Diskussion der Forschung über ihre Echtheit wiedergegeben werden[45], lediglich einige Tendenzen sollen aufgezeigt werden. Nachdrücklich für die Hypothese einer Fälschung ist 1979 H. C. Brennecke eingetreten[46], dessen Untersuchung C. Brühl für "abschließend" hält[47].

Nach den Akten[48] traten im Jahr 346 vierzehn gallische und germanische Bischöfe zusammen, die den Kölner Bischof Euphrates abgesetzt und exkommuniziert haben sollen. Unter ihnen befanden sich Maximinus von Trier, der den Vorsitz hatte, Jesse von Speyer, Viktor von Worms, Amandus von Straßburg, Just<in>ian[49] von

---

[43] So etwa in neuerer Zeit Ewig, 176; ders., Trier 34/6; Esser 225; Decker/Selzer 511; v. Petrikovits, Altertum 259; Heinemeyer, Erzbistum 8f.; Jürgensmeier, Bistum 13; vgl. zur Problematik der Synode Dassmann, Anfänge 111/4.

[44] Crabbe, Concilia omnia 1,189 nach Brennecke, Synodum 31, Anm. 1; danach Conciliae Galliae ed. C. Munier (CCL 148,26/30).

[45] Literaturhinweise bei Brennecke, Synodum 31, Anm. 3; Neuss, Anfänge 72f.

[46] Brennecke, Synodum 31/54, bes. 39:"Wegen der fehlenden Bezeugung des Kölner Konzils von 346 bei allen alten Schriftstellern und wegen der chronologischen, dogmengeschichtlichen und historischen Unstimmigkeiten scheint mir [...] das Kölner Konzil des Jahres 346 unhistorisch und seine Akten eine Fälschung aus späterer Zeit zu sein"; schon Rettberg, Kirchengeschichte 1,123/40 bietet eine ausführliche Übersicht über die gegen die Echtheit sprechenden Gründe.

[47] Brühl, Studien 40.

[48] Concilium Coloniae Agrippinae a. 346 Praef. (CCL 148,27,1/13; zweisprachig auch in: Frühchristliches Köln 14):

"*Post consulatum Amanti et Albani, IIII Idus Maias, cum consedissent in Agripinensium civitate, idest Maximinus a Treveris, [...] Iessis Nimitum, Victor Vangionum, [...] Amandus Argentoratensium, Iustianus (sic) Rauracorum, [...] Servatius Tungrorum [...], consentibus et mandantibus Martino episcopo Mogontiacensium, Victore Mediomatricorum [...]*".

[49] Die Lesart "Iustianus" des Codex Bruxellensi 495-505, der allein die Akten überliefert, ist sicherlich eine paläographisch leicht erklärbare Verschreibung aus "Iustinianus",

Basel-Augst und Servatius von Tongern; ihre Zustimmung gaben weitere zehn Bischöfe aus angrenzenden Regionen, an deren erster Stelle Martinus von Mainz vor Victor von Metz u.a. genannt wird. Euphrates wird in den von allen Anwesenden abgegebenen Stellungnahmen in auffallendem Gleichklang beschuldigt, die Gottheit Christi geleugnet zu haben ("*Christum Deum negavisse*").
Schwer damit zu vereinbaren ist eine Nachricht des Athanasius in der um 358, also mehr als zehn Jahre nach der Absetzung des Euphrates verfaßten Schrift Historia Arianorum: Euphrates sei im Frühjahr 344 zusammen mit Vincentius von Capua im Auftrag der Synode von Serdica (342) zum arianisierenden Kaiser Konstantius II. nach Antiochien geschickt worden, um ihm die Beschlüsse der Synode zu überbringen und für die Rückkehr der verbannten orthodoxen Bischöfe einzutreten[50]. Zwei Jahre vor seiner Absetzung scheint Euphrates also noch ein angesehener Verfechter der Orthodoxie gewesen zu sein, der sogar für würdig befunden wurde, einer Delegation zum Kaiser anzugehören. Es ist schwer vorstellbar, daß der angesehene Bischof von Köln im hohen Alter[51] noch der vorher bekämpften Partei der Arianer anhängig wurde[52]. Umso erstaunlicher wäre es in diesem Falle, daß Athanasius, der in regem Briefkontakt mit führenden Männern des abendländischen Episkopates stand[53], von einem solchen Abfall und sogar von der Exkommunikation auch zehn Jahre danach noch nichts gehört zu haben scheint. Auch bei allen späteren Autoren - hingewiesen sei z.B. auf den zeitgenössischen und sonst gut unterrichteten Hilarius von Poitiers - begegnet kein Hinweis auf die Kölner Synode von 346[54].

---

    der bei Athanasius als gallischer Bischof bezeugt ist; vgl. zur Abhängigkeit von Athanasius S. 24 m. Anm. 63.

50 Athanasius, Historia Arianorum 20 (Opitz 2,193); vgl. Brennecke, Synodum 32; Oediger, Bistum 25; Dassmann, Anfänge 111.

51 Brennecke, Synodum 32; eine in Antiochien von den Arianern zur Versuchung des Euphrates engagierte Dirne trifft auf das Gesicht eines alten Mannes (πρεσβύτερου πρόσοπον); Athanasius, Historia Arianorum 20,4 (Opitz 2,193,21).

52 Daß er des Sabellianismus im Sinne des Markell von Ankyra beschuldigt worden sein soll, wie v. Petrikovits, Germania 607 im Anschluß an W. Binsfeld (Frühchristliches Köln 9f.) erwägt, erscheint für den gallischen Raum weniger naheliegend.

53 U.a. mit Maximin von Trier und 350 mit Servatius von Tongern, der in den Akten der Kölner Synode behauptet haben soll, oftmals dem "Pseudoepiscopus" Euphrates öffentlich widerstanden zu haben, als dieser Christus leugnete (CCL 148A, 29); Belegstellen bei Brennecke, Synodum 33 m. Anm. 14; Dassmann, Anfänge 112 m. Anm. 345.

54 Brennecke, Synodum 32 führt noch Theodoret (Kirchengeschichte 2,9; geschr. um 450, hg. von L. Parmentier / F. Scheidweiler = GCS Theodoretus (^{2}1954) 119/21) an, der

Der Verdacht einer Fälschung liegt nahe, zumal ein Motiv leicht gefunden werden kann[55]: Die Akten der angeblichen Kölner Synode sind in einer Handschrift des 10. Jahrhunderts überliefert[56]. Zum ersten Mal erwähnt wird die Synode mit der Aburteilung des Euphrates durch Maximin jedoch in der Vita des Trierer Bischofs, die in der Mitte des achten Jahrhunderts unter Bischof Milo von Trier entstanden sein dürfte[57]. Die in beiden Quellen auffällige Knappheit und Ähnlichkeit der Anklage läßt eine Verwandtschaft sicher erscheinen. H. C. Brennecke führt gewichtige Argumente dafür an, daß die Vita Maximini als "Primärquelle für die angebliche Verurteilung des Euphrates von Köln durch eine Kölner Synode unter Führung Maximins von Trier" zu gelten habe[58]. Der "historische Ort" liegt unter dieser

---

"offensichtlich unabhängig von Athanasius" die Geschehnisse während der Anwesenheit des Euphrates in Antiochien schildert, ohne etwas Negatives über diesen zu berichten.

[55] Vgl. Brennecke, Synodum 41/7; Dassmann, Anfänge 113f.

[56] Cod. Bruxellensis 495-505; die Datierung schwankt meist zwischen dem 10. und dem 12. Jahrhundert; Brennecke, Synodum 41, Anm. 55 (Lit.); Der Catalogue des Manuscrits de la Bibliothèque Royale de Belgique, hg. von J. van den Gheyn, Bd. 4 (Brüssel 1904) S. 5, Nr. 2494 setzt den Codex im 10. Jh. an; vgl. auch Dassmann, Germany 348; nach v. Petrikovits, Germania 606 entstammt er erst dem 12. Jh.   (dagegen wird der Codex von Jürgensmeier, Bistum 13 - ohne Begründung - schon ins 8. Jh. datiert, wohl vor der Vita Maximini [vgl. die folgende Anm.]; auch nach CPL 1786 könnten die Akten bereits im 8. Jh. zusammengestellt oder bearbeitet worden sein).

[57] Vita Maximini 3 (ActaSS Mai VII,21 D/E; dort von G. Henschen in das 8. Jh. datiert; vgl. Ewig, Trier 34):

"[...] *venerabilis Pontifex Maximinus Synodum congregavit publice in urbe Agrippinensi, coepitque contendere* **contra Euphratam nefandissimum episcopum***, qui hoc adferebat, quod* **Christus non esset vere filius Dei***. Ipseque B. Maximinus Iesum Dominum nostrum ostendere curavit [...]: et condemnans haereticam pravitatem canonica sententia, de Sede sua eam penitus extirpavit".*

B. Krusch gibt in den Prolegomena seiner Edition der um 838 durch Lupus von Ferrières angefertigten Bearbeitung der Vita (MGH. SRM 3,71), in der die Geschichte fast unverändert übernommen ist (Kap. 6: ebd. 77,6/9), die Abfassungszeit der ursprünglichen Version mit "wahrscheinlich zwischen 751 und 761" im Kloster St. Maximin an; vgl. zur Vita Maximini Ewig, Trier 33f.; Brennecke, Synodum 41f. m. Anm. 56f.

[58] Brennecke, Synodum 44; als ein Hauptargument gegen die Priorität der Konzilsakten führt er die Reduktion des Maximin betreffenden Materials (v.a. seiner Rede) in der Vita an, die doch derartige Informationen sicherlich dankbar verabeitet hätte. Vielmehr sollten wahrscheinlich in den Akten die vagen Anklagen des 8. Jahrhunderts nicht nur aufgefrischt, sondern auch etwas konkretisiert werden.

Voraussetzung im achten Jahrhundert, als der Trierer Bischof Milo die Erhebung Kölns zum fränkischen Erzbistum zu verhindern suchte. Indem der zweite bezeugte Bischof von Köln, Euphrates, der zu dieser Zeit wohl nur noch namentlich bekannt war und durch keinen eigenen Kult verehrt wurde, zu einem von Maximin abgeurteilten Ketzer gemacht wurde, wollte man dem Ansehen Kölns Schaden zufügen und eigenen Ansprüchen Nachdruck verleihen. Im 10. Jahrhundert ist dann von einer sich wieder verschärfenden Rivalität zwischen Trier und Köln auszugehen, die dazu führte, daß durch das Synodalprotokoll die Beschuldigungen gegen Euphrates und Köln nochmals bekräftigt wurden.

Wenn auch somit die Synode heute m. E. tatsächlich als Fälschung entlarvt ist, könnte die Unterschriftenliste dennoch einen historischen Wert besitzen[59]. Es fallen offenkundige Übereinstimmungen zwischen den Namen der Kölner Unterzeichner und einer Liste gallischer Bischöfe auf, die Athanasius überliefert[60]. Ohne Angabe ihres Sitzes werden in den Akten des Athanasius zunächst die 78 Namen der in Serdica unterzeichnenden Bischöfe angeführt, sodann folgen 205 Namen von Amtsinhabern aus verschiedenen Provinzen, die nachträglich den Beschlüssen der Synode zugestimmt haben. Aus Gallien, von dem Germanien nicht scharf geschieden wurde, haben insgesamt 34 Bischöfe für die Sache des Athanasius Partei ergriffen. Es ist nicht ausgeschlossen, daß - möglicherweise tatsächlich am 12. Mai 346 - eine Synode in Gallien stattgefunden hat, allerdings nicht um Euphrates zu verurteilen, sondern um die Voten der Bischöfe zur Synode von Serdica einzuholen[61]. Nachrichten darüber sind aber nicht erhalten.

---

[59] Trotz Zweifelhaftigkeit der Synode gilt die Liste gemeinhin als echt; vgl. etwa Duchesne, Fastes 1,364; ders., Le faux concile 16/29 und in neuerer Zeit Fritz, Amandus 18; Ewig, Bischofsgräber 176; v. Petrikovits, Germania 607; Heinemeyer, Erzbistum 8; Jürgensmeier, Bistum 13; Boppert, Anfänge 244; zuletzt hat Staab, Heidentum 121 m. Anm. 14 in breiterer Auseinandersetzung "erhebliche Zweifel" am Fälschungsurteil über das Konzil und insbesondere die Unterschriftenliste geäußert, ohne daß seine Argumente aber einen hinreichenden Nachweis der Echtheit erbringen könnten.

[60] Athanasius, Apologia secunda 49,1 (Opitz 2,127 [nach PL 25,1,337f. Apol. contra Arianos 50]; um 357 verfaßt); vgl. die tabellarische Gegenüberstellung der in den Listen vorkommenden Namen bei Duchesne, Fastes 1,364f. und G. Fritz, Amandus 16f., wobei letzterer allerdings aufgrund einer parallelen Zählung der nur durch Umstellung der Kölner Liste gegenübergestellten Namen den falschen Eindruck völliger Übereinstimmung in der Reihenfolge erweckt (vgl. Anm. 63).

[61] So jedenfalls H.G. Opitz zur Apologia secunda 49,1 (Opitz 2,127, Anm); vgl. auch Brennecke, Synodum 41; Semmler, Mission 814, Anm. 6.

Einiges deutet vielmehr darauf hin, daß sich der Fälscher der Synode zur Absetzung des Euphrates die bei Athanasius oder einem anderen[62] überlieferten Namen im zehnten Jahrhundert zunutze machte und die Bischofssitze ergänzte. Dafür spricht, daß zumindest 22 der 24 Unterzeichner des Kölner Protokolls auch in der Liste des Athanasius wiederzufinden sind, teilweise sogar in derselben Reihenfolge[63]. Das Argument F. W. Oedigers, die umfangreichere Liste des Athanasius, in der die Sitze fehlen, könne nicht Vorlage für einen Fälscher gewesen sein, der diese etwa "verkürzend ausgeschrieben hätte"[64], hat E. Dassmann zurückgewiesen[65]: Der Fälscher konnte, um glaubwürdig zu wirken, natürlich nur die Bischöfe berücksichtigen, die man im 10. Jahrhundert mit bestimmten, schon im vierten Jahrhundert für existent gehaltenen Bistümern verband.

Wenn diese Fälschungshypothese zutrifft, muß der Wert der Liste gänzlich in Frage gestellt werden[66]. Das hätte gravierende Konsequenzen für die Frühgeschichte mehrerer gallischer Bistümer. In der Rheinregion wäre nicht nur Mainz betroffen, auch in den anderen Civitates der Germania prima Worms, Speyer und Straßburg ist der erste Bischof jeweils lediglich durch die Unterschrift in den Kölner Synodalakten bezeugt. Sicher bestimmbare Nachfolger sind in allen drei Städten erst sehr viel später auszumachen[67].

---

[62] Duchesne, Le faux concile 28 denkt an eine Überlieferung der Namen von Serdica etwa im nur fragmentarisch erhaltenen Geschichtswerk des Hilarius von Poitiers (Fragmenta historica, hg. von A. Feder: CSEL 65 [1916] 39/193).

[63] Die beiden nicht eindeutig zuzuordnenden Bischöfe der Kölner Liste Sanctinus Articlavorum (Verdun) und Pancharius Visoncensium (Besancon) bringt Duchesne, Fastes 1,364f. mit dem an 14. Stelle bei Athanasius genannten Satirus bzw. dem an 22. Stelle genannten Pakatus in Verbindung; in bezug auf die Reihenfolge finden sich einige offenbar vollständig übernommene Gruppen in der Liste von Köln: die Positionen 6,7,8 des Athanasius entsprechen den Positionen 12,13,14 von Köln; ebenso verhalten sich 9-12 zu 21-24 und 25,27,29 zu 9-11.

[64] Oediger, Bistum 26.

[65] Dassmann, Anfänge 112f.

[66] Vgl. etwa Brennecke, Synodum 40; Brühl, Studien 40; Dassmann, Anfänge 113.

[67] In Worms steht nach Victor an zweiter Stelle Berthulfus, in Speyer nach Jesse sogleich Hildericus, die beide 614 an der Synode in Paris teilgenommen haben; in Straßburg folgt nach Amandus als erster historisch fixierbarer Bischof an sechster Stelle der Listen Arbogastus, dessen Episkopat in die Mitte des sechsten Jahrhunderts fällt; Duchesne, Fastes 3,161; 164; 171; Dassmann, Anfänge 56/8; Brühl, Studien 41; vgl. Semmler, Mission 814/8, der allerdings bei 7 von 10 in Sardica bezeugten Bischöfen

Der meist als erster Bischof von Mainz angesehene Martinus wird neben seinem Vorkommen in den fragwürdigen Kölner Akten zusätzlich durch die Mainzer Überlieferung in einigen Bischofslisten gestützt, die allerdings 'Marinus' lesen[68]. Läßt man diese Erwähnung in den Listen außer acht, ist Martinus außerhalb der Überlieferung der Kölner Synode ebensowenig historisch fixierbar wie seine angeblichen Amtskollegen in Worms, Speyer und Straßburg. Der früheste in den Listen enthaltene Mainzer Bischof, über den sich in der kirchlichen Tradition Nachrichten erhalten haben, ist erst der Märtyrer Aureus, der sicher im fünften Jahrhundert anzusiedeln ist. Sein übernächster Nachfolger Sidonius gehört bereits in fränkische Zeit[69].

Das Martinspatrozinium des Domes, das als Argument für die Existenz des gleichnamigen Bischofs angeführt werden könnte, dürfte erst auf Sidonius zurückgehen und bezieht sich auf Martin von Tours. Der Vorschlag A. Ph. Brücks, daß der Dom nach seinem Erbauer den "Titulus" St. Martinus erhalten habe, woraus sich später das Patrozinium des hl. Martin von Tours entwickelt habe[70], ist für die in Frage kommende Zeit wenig wahrscheinlich und ohne Parallele[71].

Diese Konstruktion kann ebensowenig einen historisch verwertbaren Hinweis auf die Historizität Martins bieten wie eine Begebenheit in der schon im Zusammenhang mit der Kölner Synode erwähnten Vita Maximini: In ihr wird berichtet, daß Maximin von Trier (gest. 346) auf seiner Pilgerreise nach Rom von einem Bischof Martin begleitet worden sei, der ihm auch einen Schüler namens Lubentius zugeführt habe[72]. E. Ewig hat auf die zahlreichen chronologischen Irrtümer in dieser

---

(außer in Worms, Speyer und Basel-Kaiseraugst) die in den Kölner Akten vorgenommene Zuweisung der cathedra durch andere, teilweise fragwürdige Quellen bestätigt sieht.

[68] Zur Erwähnung des Marinus in den Listen vgl. Kap. 3.4.1.

[69] Vgl. zu diesen Kap. 3.5.1. bzw. 3.5.3.

[70] A.Ph. Brück, Rezension zu: Heinemeyer, Erzbistum: ZKG 94 (1983) 140 führt entsprechende Fälle aus späterer Zeit an; vgl. Falck, Mainz 18 mit demselben Vorschlag, wobei er aber von "einer nördlich der Alpen freilich nicht alltäglichen Entwicklung" spricht.

[71] Falls die Tradition über einen Bischof Mar(t)inus überhaupt zutreffen sollte, war dieser bis 935 in St. Hilarius bestattet und kommt schon aus diesem Grunde als Patron nicht in Frage, da nach Ewig, Patrozinien 157, Anm. 16 "Translationen von Lokalheiligen in die Kathedrale mit entsprechendem Patroziniumswechsel nicht vor der Zeit Karls des Großen vorkommen"; vgl. Heinemeyer, Erzbistum 14.

[72] Vita Maximini 3f. (ActaSS Mai VII,21 E/F; zur Datierung vgl. Anm. 57):

Schrift aufmerksam gemacht; es könne daher, "kein Zweifel bestehen, daß der Verfasser Martin von Tours im Auge hat"[73]. Die dem Begleiter von Maximin zugeordneten Epitheta "heilig", "selig" und (in der mit einem Abstand von weniger als 100 Jahren noch recht nahen Bearbeitung des Lupo) auch "allerbester Bekenner" und "überaus großer Bischof" weisen jedenfalls eindeutig in diese Richtung. Auch wenn hier ein Anachronismus vorliegt, da Martin von Tours erst im Jahre 371 zum Bischof geweiht wurde[74], darf man nicht einfach einen Irrtum des Vitenschreibers annehmen, der in seiner Vorlage eigentlich Martin von Mainz vorgefunden, diesen aber mit Martin von Tours verwechselt habe[75]. Chronologische Ungenauigkeiten der vorliegenden Art sind ein häufig begegnendes Kennzeichen hagiographischer Literatur[76]. Aus der konstruierten Möglichkeit einer Verwechslung, die zwar natürlich nicht auszuschließen ist, sich aber gänzlich im hypothetischen Raum bewegt, können keinesfalls beweiskräftige Rückschlüsse auf die Existenz eines Mainzer Bischofs Martin gezogen werden.

Trotz der Unsicherheit in dieser Frage, kann kein Zweifel bestehen, daß die Mainzer Kirche in den Jahrzehnten nach Konstantin den Durchbruch geschafft hat, als

---

"*Deinde Romam [...] ipse sanctus (Maximinus) adiens, S. Martino jungitur: ut ambo amabiles Christo una visitarent limina B. Apostoli Petri*". Nach der Schilderung der Reise, auf der *B. Martinus* bzw. *S. Martinus* ein Wunder wirkte, indem er einen Bären, der den Lastesel gefressen hatte, "*absque murmuratione*" das Gepäck tragen ließ, fährt der Autor der Vita fort:
"*Post haec ambo ad Trevirorum venerunt civitatem, ubique S. Martino Lubentium suum spiritalem filium Maximino commendavit, rogans suppliciter, ut sacras eum doceret litteras*".
In der Vita Maximini auctore Lupo 7 (MGH. SRM 3,77,17/32; 9. Jh.) findet man die wesentlichen Punkte wieder, wobei Lupus den Begleiter des Maximin als "*optimatissimum confessorem Martinum*", als "*beatum Martinum*" und zusammen mit Maximin als "*summi pontifices*" bezeichnet;   vgl. auch Heinemeyer, Erzbistum 8f.; 35f.

[73] Ewig, Trier 34f. mit Verweis auf R. Aigrain, St. Maximin de Trèves: Bulletin de la Société des Antiquaires de l'Ouest, 3ᵉ série, tome 4 (Poitiers 1916/17) 89.

[74] Darauf weisen schon die Herausgeber G. Henschen (ActaSS Mai VII,23, Anm. h; fälschlich als i gezählt) und B. Krusch (MGH. SRM 3,71, Anm. 5) hin.

[75] Die Möglichkeit einer vom Verfasser der Vita bereitwillig vorgenommenen Identifizierung des Martin von Mainz, des Vorstehers eines Bistums, von dem kaum Nachrichten aus spätrömischer Zeit vorlagen, mit dem gleichnamigen berühmten Bischof von Tours, hält Ewig, Trier 36f. jedoch durchaus für denkbar; vgl. in diesem Sinne auch Staab, Heidentum 124.

[76] Als Beleg sei nur auf die Alban- und Theonestlegende verwiesen; vgl. Kap. 3.6.

auch in den Militärstützpunkten der Grenzgebiete des römischen Reiches der nötige Freiraum gewährt wurde, eine offizielle Institution mit einem Bischof an der Spitze ins Leben zu rufen.
Als Indiz für die Existenz eines Mainzer Bischofs kann ein Grußwort bei Hilarius von Poitiers verstanden werden. Seine im Jahre 358/9 entstandene Epistula de synodis seu de fide Orientalium ist neben anderen den *"geliebten und seligen Brüdern und Mitbischöfen der Provinzen Germania prima und Germania secunda"* gewidmet[77]. Obwohl keine Namen angegeben sind, könnte ein "Mitbischof der Germania prima" den Bischof von Mainz bezeichnen, das somit in der Mitte des vierten Jahrhunderts unter episkopaler Leitung gestanden hätte.

Eine Bestätigung erfährt diese Annahme durch die erste sicher Mainz betreffende Nachricht des **Ammianus Marcellinus** über eine allem Anschein nach größere, organisierte Christengemeinde im Jahre 368. Nachdem schon um 260 die Alamannen den obergermanischen Limes endgültig durchbrochen hatten und das rechtsrheinische Gebiet verloren gegangen war[78], rückte Mainz, das wieder zur Grenzfestung geworden war, zunehmend aus militärischen Gründen in den Blickpunkt. In der Mitte des vierten Jahrhunderts wurde die 22. Legion von Mainz abgezogen und das Legionslager abgebrochen[79]. Unmittelbar danach dürften Bauarbeiten an der zweiten Bauphase der Stadtmauer eingesetzt haben, die bisher zangenförmig an das Lager anschloß[80].
Ammianus Marcellinus berichtet in seinen Res gestae von der Plünderung der Stadt im Jahre 368 durch den Alamannenfürsten Rando, der sich offenbar die unsichere Befestigungslage dieser Zeit zunutze machen konnte:

---

[77] Hilarius, De synodis, Praef. (PL 10,479):
*"Dilectissimis et beatissimis Fratribus **coepiscopis, provinciae Germaniae primae, et Germaniae secundae**, et primae Belgicae, et Belgicae secundae, et Lugdunensi primae [...] Hilarius servus Christi, in Deo et Domino nostro aeternam salutem"*;
vgl. Falk, Älteste Zeit 44; Neuss, Anfänge 15; Dassmann, Anfänge 48.

[78] E. Fabricius, Art. Limes: PRE 13,1 (1926) 672; Klumbach, Mainz: Führer 42/4; Dekker/Selzer 509.

[79] Decker/Selzer 514f.; Baatz, Mogontiacum 78/80.

[80] Durch Münzfunde ist der Baubeginn des Mauerstücks auf dem Kästrich in die Zeit nach 350 zu datieren; Baatz, Mogontiacum 66f; Decker/Selzer 516 setzen Lagerauflösung und Mauererweiterung um 360/70 an.

"Zur selben Zeit etwa, als Valentinianus vorsichtig, wie er selbst glaubte, zu einem Feldzug aufgebrochen war, führte ein alamannischer Königssohn namens Rando einen lange gehegten Plan aus und fiel heimlich mit einer leichtbewaffneten Schar (expeditis) zum Plündern in Mogontiacum (Mainz) ein, das damals keine Besatzung hatte. Da er zufällig hinzukam, als ein Fest der christlichen Religion (Christiani ritus sollemnitatem) gefeiert wurde, konnte er ungehindert die schutzlose Menge von Männern und Frauen aller Stände mit nicht geringem Hausrat mit sich fortführen"[81].

Nach einer ersten Einnahme von Mainz und anderen Städten durch Alamannen, Franken und Sachsen im Verlauf der Jahre 352/5[82] fielen also im Jahre 368 erneut Alamannen ein, zu einem Zeitpunkt, als Valentinian I. (364/75) für einen Feldzug Truppen aus der Mainzer Region abgezogen hatte. Ihrem Fürsten Rando kam zusätzlich der Umstand zugute, daß nach der Darstellung des Ammian "zufällig" (*casu*) ein christliches Fest gefeiert wurde, möglicherweise Ostern[83]. Es genügte eine leichtbewaffnete (*expeditis*[84]) Räuberbande zur Durchführung seines langgehegten Planes, weil anscheinend ein großer Teil der Mainzer Bevölkerung am Fest teilnahm. Die Feier muß solchen Anklang gefunden haben, daß nicht einmal Wachen

---

[81] Ammianus Marcellinus 27,10,1f. (Seyfarth 2,51,3/8):
"*Sub idem fere tempus Valentiniano ad expeditionem caute, ut rebatur ipse, profecto Alamannus regalis, Rando nomine, diu praestruens, quod cogitabat, Mogontiacum praesidiis vacuam cum expeditis ad latrocinandum latenter irrepsit. et quoniam casu Christiani ritus invenit celebrari sollemnitatem impraepedite cuiusce modi fortunae virile et muliebre secus cum supellectili non parva indefensum abduxit*".

[82] Mehr als 40 Städte fielen dem Ansturm der Germanen zum Opfer (Hoffmann, Bewegungsheer 1,342/4); in der Germania prima werden von Ammianus Marcellinus 16,2,12 (Seyfarth 1,71f.) noch für das Jahr 356 sieben Städte als besetzt bezeichnet:
"*(Julianus) audiens itaque Argentoratum (Straßburg), Brotomagum (Brumath), Tabernas (Zabern), Salisonem (Seltz), Nemetas (Speyer) et Vangionas (Worms) et **Mogontiacum** (Mainz) civitates barbaros possidentes territoria earum habitare [...]*".

[83] Da Ammian mit "sollemnitas" wohl ein größeres Fest als die gewöhnliche sonntägliche Gemeindefeier meint, wird es gewöhnlich auf Ostern (20. April 368) oder allenfalls noch auf Pfingsten (8. Juni 368) gedeutet; Hoffmann, Bewegungsheer 2 ,149, Anm. 293.

[84] "expeditus" (wörtlich: "ungehindert") kann zwar in bezug auf Soldaten auch die Bedeutung "kampfbereit, schlagfertig, bewaffnet" haben (ThlL V,2,1623,41/60), jedoch werden keine Stellen bei Ammianus Marcellinus angeführt; als "leviter armatus" ist "expeditus" dagegen bei ihm häufiger belegt (THlL V,2,1622,69; 77).

postiert wurden (*praesidiis vacuam*). Unter den weggeführten Festteilnehmern - möglicherweise waren auch sympathisierende Heiden darunter - befanden sich Männer und Frauen "aller Stände" (*cuiusce modi fortunae*), was etwas Licht auf die Zusammensetzung der frühen Mainzer Gemeinde wirft. Offenbar zählte die christliche Gemeinde bereits auch Gläubige aus den höheren Bevölkerungsschichten zu ihren Mitgliedern[85].

Diese Nachricht über die im Jahre 368 sehr große christliche Gemeinde ist als durchaus glaubwürdig einzuschätzen, da Ammian (gest. um 395/400) darüber als Zeitgenosse berichten kann[86]. Zudem ist er als Heide ein unverdächtiger Zeuge, bei dem wenig Interesse zu erwarten ist, in bezug auf die Größe der christlichen Gemeinde zu übertreiben. Allenfalls kann ein polemischer Nebenton darin begründet sein, daß er die mangelnde Verteidigungsbereitschaft der Stadt den Christen anlasten wollte[87]. Wenn also tatsächlich ein großer Teil der Mainzer Christen waren, dann kann ein Bischof nicht gefehlt haben[88]. Und an welchem anderen Ort sollte das beschriebene Szenarium stattgefunden haben als bei der Kathedrale im Innenbereich der Stadt, der für einen Überfall das am meisten lohnende Ziel darstellen mußte? Hätte sich die am Fest beteiligte Menge bei einer frühen Zömeterialkirche außerhalb der Stadtmauern befunden, wäre dies sicherlich eine so bedeutende Information gewesen, daß Ammian darauf hingewiesen hätte.

Die gewachsene Bedeutung der Christen kommt auch in einem anderen Ereignis zum Ausdruck: Höchstwahrscheinlich noch im vierten Jahrhundert wurde die in der Regierungszeit Neros errichtete Jupitersäule im Norden der Stadt von Christen

---

[85] Behrens, Frühchristliches Mainz 33 gibt an, daß bekanntlich die ersten Christen der ärmeren Bevölkerung angehört hätten.

[86] Zur Glaubwürdigkeit des Ammian vgl. L. Jacob/ I. Ulmann: Quellen IV, 430f.

[87] Dassmann, Anfänge 45f.

[88] Vgl. Friedrich, Kirchengeschichte 1,311, dessen Folgerung, daß das Christentum älter sein müsse als die Toleranzedikte Konstantins, aber nicht zwingend ist.

planmäßig zerstört[89]. Dies setzt schon längeren Bestand der Christengemeinde und eine dem Heidentum zumindest gleichwertige Stellung voraus[90].

2.2.2. Die Verwüstungen des fünften Jahrhunderts und das Ende der Römerherrschaft

- Der Germaneneinfall des Jahres 406

Die nächste Information über die Entwicklung der Mainzer Kirche steht wiederum im Zusammenhang mit einem kriegerischen Anlaß[91]. Die seit den Germaneneinfällen von 352/5 äußerst brüchige Rheingrenze wurde zwar unter Valentinian I. um 369 reorganisiert und mit neuen Einheiten gesichert, die im nördlichen Teil der Germania prima einem "Dux Moguntiacensis" unterstellt wurden[92]. Dennoch gelang es germanischen Völkerscharen, am 31. Dezember 406 wohl bei Mainz über den Rhein zu treten und in Gallien einzubrechen[93].

---

[89] Am Anfang dieses Jahrhunderts wurden von L. Lindenschmidt ca. 2000 Bruchstücke der Säule an das Tageslicht gebracht; vgl. Anm. 8; Büttner, Christentum am Mittelrhein 11, Anm. 16; Esser, Mogontiacum 220 m. Anm. 40.

[90] Vgl. Dassmann, Anfänge 46; zur öffentlichen Verehrung der alten Götter am Rhein noch in der 1. Hälfte des 4. Jahrhunderts vgl. v. Petrikovits, Altertum 260f.

[91] Vgl. zum Folgenden etwa Zöllner, Geschichte 25 m. Anm. 9f.; Schmidt, Wandalen 16f. mit Quellendiskussion.

[92] Eine Liste der dem Dux zwischen etwa 369 und 406/7 unterstellten Truppen zwischen Andernach und dem elsässischen Seltz (Selz) ist überliefert in der Notitia dignitatum, occ. 41,14/25 (Seeck 213f.); in Mainz selbst lag eine "Armigeri" benannte Truppe; Ewig, Raum 271; zweisprachig mit Kommentar von K. Wachtel: Quellen IV, 304f.; 530f.; 537; vgl. dazu ausf. Hoffmann, Bewegungsheer, bes. 344/9.

[93] Ob der römische Heermeister Stilicho zum Schutz Italiens vor den Goten in den Jahren 401/2 Truppen vom Rhein abgezogen hat, ist unsicher; ablehnend Ewig, Raum 273 mit Berufung auf Hoffmann, Bewegungsheer 344, Anm. 288, der lediglich Teile des Bewegungsheeres betroffen sieht; keine Zweifel an der Abkommandierung der Rheintruppen hat Schmidt, Ostgermanen 108; ebenso Staab, Untersuchungen 7 u. Heyen, Gebiet 302.
Das genaue Datum des Übergangs berichtet Prosper von Aquitanien, Chronicon 1230 (MGH. AA 9,465):   *"Vandali et Halani Gallias traiecto Rheno ingressi II k. Ian"* (31.12.).

Hieronymus weiß in einem um 409 geschriebenen Brief an die Gallorömerin Geruchia eindrucksvoll von den Auswirkungen zu berichten:

"Über das Elend unserer Gegenwart will ich mich kurz fassen. Es ist nicht unserem Verdienst, sondern der Barmherzigkeit des Herrn anzurechnen, daß wir wenigen bislang noch übriggeblieben sind. Eine Unzahl äußerst wilder Stämme hat alle gallischen Provinzen in Besitz genommen. Alles Land zwischen Alpen und Pyrenäen, welches vom Ozean und vom Rhein umschlossen wird, haben Quaden (=Sueben), Vandalen, Sarmaten, Alanen, Gepiden, Heruler, Sachsen, Burgunder, Alamannen und - beklagenswertes Reich! - die pannonischen Feinde verwüstet. "Denn es kommt Assur mit ihnen" (Ps 83,9). **Mainz, einst eine berühmte Stadt, wurde erobert und zerstört, viele Tausende wurden in der Kirche hingeschlachtet.** *Worms fiel nach langer Belagerung, [...] Speyer und Straßburg gehören jetzt zum Germanenland"*[94].

Hieronymus, der den Brief 408/9 aus Bethlehem schrieb, darf als mit den Ereignissen im römischen Rheingebiet gut vertraut gelten, da er sich längere Zeit in Trier

---

Nach der - allerdings oft unzuverlässigen - Chronik des Fredegar 2,60 (MGH. SRM 2,84) benutzten sie bei Mainz eine "*pons ingeniosa*", was auf die schon vor 27 n. Chr. errichtete (H. Cüppers [Hg.], Die Römer in Rheinland-Pfalz [Stuttgart 1990] 467) steinerne Rheinbrücke hinweisen könnte, die im 4. Jahrhundert aber zumindest eine Zeit lang zerstört war (vgl. Ammianus Marcellinus 17,1,2; 30,3,4f. [Seyfarth 1,103,2; 2,138f.]); vgl. Büttner, Christentum am Mittelrhein 11, Anm. 18; Baatz, Mogontiacum 67; Decker/Selzer 490; Schmidt, Ostgermanen 109 vermutet, daß der Strom zugefroren war und die Germanen der Mainzer Brücke nicht bedurften; Ewig, Raum 273f. grenzt die Einbruchstelle auf den ca. 150 km langen Abschnitt zwischen Sel(t)z im Elsaß und Bingen ein, weil die dort stationierten römischen Einheiten offenbar untergegangen sind; vgl. Hoffmann, Bewegungsheer 1,335.

94 Hieronymus, Ep. 123,15,1/3 (CSEL 56,91f.; nach PL 22,1057f. Ep. 123,16):
"Praesentium miseriarum pauca percurram. quod rari hucusque residemus, non nostri meriti, sed Domini misericordiae est. innumerabiles et ferocissimae nationes universas Gallias occuparunt. quicquid inter Alpes et Pyrenaeum est, quod oceano Rhenoque concluditur, Quadus, Uandalus, Sarmata, Halani, Gypedes, Heruli, Saxones, Burgundiones, Alamanni et - o lugenda res publica! - hostes Pannonii vastaverunt. etenim Assur venit cum illis. **Moguntiacus, nobilis quondam civitas, capta atque subversa est et in ecclesia multa hominum milia trucidata,** *Uagiones longa obsidione finiti, [...] Nemetae, Argentoratus translatae in Germaniam [...]".*

aufgehalten hatte[95]. Mainz wird von ihm als "*capta atque subversa*" geschildert und hatte damit ein Schicksal zu tragen, von dem Köln und Trier 406/7 verschont blieben. Von Bedeutung ist hier vor allem die Nachricht über die "vielen Tausend Menschen", die in der Kirche getötet worden seien. Selbst wenn man annimmt, daß auch Heiden in die Kirche geflohen sind, liegt hier sicherlich eine starke Übertreibung vor. Denn eine Kirche mit den erforderlichen Ausmaßen ist für diese Zeit nicht vorstellbar[96].

Dennoch unterstreicht die Stelle, daß Mainz sich in der zweiten Hälfte des vierten Jahrhunderts zu einem bedeutenden christlichen Zentrum entwickelt hatte, das offenbar bereits über eine recht große Kirche im Stadtbereich verfügte. Dem Urteil H. Friedrichs, daß eine solche Gemeinde ohne Bischof in jener Zeit undenkbar sei[97], ist sicherlich zuzustimmen. Da Hieronymus die Kirche nicht näher bezeichnet, darf man annehmen, daß es sich um die Hauptkirche, d.h. um die bischöfliche Kathedrale gehandelt hat. Aus dem Singular "*in ecclesia*" ist aber nicht herauszulesen, daß es die einzige Mainzer Kirche war; durchaus können schon kleinere Zömeterialkirchen vor den Mauern der Stadt bestanden haben[98].

Mit dem Überfall von 406/7 bringt man gewöhnlich das Martyrium des Mainzer Heiligen Alban in Verbindung, der als Schüler und Reisegefährte des Bischofs Theonest / Theomast nach Mainz gekommen und von den Vandalen getötet worden sein soll[99]. Nach verbreiteter Auffassung gehört in diese Zeit auch schon das Mar-

---

[95] Zur Datierung der Abfassung des Briefes zwischen dem Sturz Stilichos (22.8.408) und dem Einbruch der Vandalen, Sueben und Alanen in Spanien (409) vgl. H. Berthold/ H. Labuske/ J. Dummer: Quellen IV, 513; ebd. 512 zur Ortskenntnis des Hieronymus.
Falk, Älteste Zeit 44 möchte - aufgrund einer Mitteilung des Hieronymus (Ep. 3,5; CSEL 54,17,16) an Rufin, er sei "*post studia Romana ad Rheni semibarbaras ripas*" aufgebrochen,- sogar einen Besuch in Mainz glaubhaft machen.

[96] Nach v. Harnack, Mission 883, Anm. 1 gab es im ganzen Westen keine Kirche, die mehrere Tausend Menschen hätte aufnehmen können; vgl. Dassmann, Anfänge 46; für "arg übertrieben" hält die Angaben des Hieronymus auch Schmidt, Wandalen 17.

[97] Friedrich, Kirchengeschichte 1,313.

[98] Dassmann, Anfänge 46; Friedrich, Anfänge 80 m. Anm. 2; Ledroit, Christentum 153 schlägt zur Lösung der Schwierigkeit die Konjektur "in ecclesiis" vor, die jedoch handschriftlich nicht gestützt wird.

[99] Vgl. zur Alban- und Theonestlegende Kap. 3.6., S. 124ff.

tyrium des Bischofs Aureus mit seiner Schwester Justina, die allerdings nach der ältesten Überlieferung den Hunnen zum Opfer gefallen seien[100].

Daß im Jahre 407 nicht etwa schon das Ende der Römerherrschaft besiegelt war[101], zeigt ein - allerdings nicht ganz sicher bezeugtes - Ereignis von 411: Mainz könnte die Stadt gewesen sein, in welcher der Usurpator Jovinus vom Heer zum Kaiser ausgerufen wurde[102].

- **Die Hunnenbedrängnis**

Im Jahre 436 brachten die Hunnen - wohl auf Veranlassung des römischen Heerführers Aetius - den Burgunden, die sich seit etwa 413 zu beiden Seiten des Rheins im Raum Worms angesiedelt hatten[103], nach deren Vorstoß in die Provinz Belgica

---

[100] Vgl. zu Aureus Kap. 3.5.1., S. 89 m. Anm. 326.

[101] Vgl. Decker/Selzer 539f.; Für ein Fortbestehen der Römerherrschaft bis 450 spricht sich etwa Brühl, Palatium 91 m. Anm. 12 aus; ebenso Angenendt, Frühmittelalter 116; als symbolischen und historischen "Anfang des Endes" der Römerzeit sieht allerdings Schieffer, Mainz 37 die Zerstörung von 406.
In bezug auf das Christentum warnt Staab, Heidentum 149f. vor einer Überschätzung des Datums 407, weil keineswegs davon ausgegangen werden könne, daß durch die Invasion der Barbaren eine vorher schon gänzlich christianisierte Region getroffen und repaganisiert worden wäre.

[102] Nach Olympiodoros, Fragm. 17 (FHG 4,61; zweisprachig m. Komm. von G.C. Hansen: Quellen IV, 306f.; 538):
"Ὅτι Ἰοβῖνο ἐν Μουνδιακῷ τῆς ἑτέρας Γερμανίας [...] τύραννο ἀνηγορεύθη " wurde Jovinus *"in Mundiacum in der Germania II "* als Usurpator ausgerufen"; G.C. Hansen (ebd. 538) setzt Mundiacum, das früher meist in Moguntiacum (Mainz, in Germania I) geändert wurde, mit Muntzen südwestlich von Aachen gleich; den Bezug auf Mainz ablehnend auch Büttner, Christentum am Mittelrhein 29f. m. Anm. 127; Altheim, Hunnen 4,193f.; Brühl, Palatium 91 m. Anm. 10;
für Mainz als Ort der Erhebung: Falk, Jahrtausend 5; Hauck, Kirchengeschichte 1,33; v. Petrikovits, Mogontiacum 31; Hoffmann, Bewegungsheer 1,144; Schottky, Mainz 131; Dassmann, Anfänge 47.

[103] Konstantius, der Heermeister des Honorius, wies den Burgunden 413 *"partem Galliae propinquam Rheno"* als Siedlungsgebiet zu; nach Prosper v. Aquitanien, Chronicon 1250 (MGH. AA 9,467); Ewig, Raum 274.

eine vernichtende Niederlage bei[104]. In welchem Maße auch Mainz durch diesen Hunnenfeldzug in Mitleidenschaft gezogen wurde, geht aus den Quellen nicht hervor[105]. Salvian von Marseille beschreibt jedenfalls in der zwischen 440 und 450 entstanden Schrift De gubernatione Dei Mainz als zu seiner Zeit "*excisa atque deleta*"[106]. Ob er sich damit aber vielleicht noch auf die Zerstörung vom Jahresende 406 bezieht, kann nicht entschieden werden. In jedem Falle darf man in seiner Darstellung, welche sich mit moralisierender Absicht gegen öffentliche Schauspiele wendet, eine erhebliche rhetorische Überzeichnung vermuten[107]. Gegen ein 40 Jahre währendes Daniederliegen der Stadt kann vor allem eingewendet werden, daß in der ersten Hälfte des fünften Jahrhunderts die verhältnismäßig große St. Albansbasilika errichtet worden sein wird[108]. Nach der Katastrophe von 406/7 bis zum Jahre 436, in dem Mainz mit hoher Wahrscheinlichkeit von Hunnenhorden zumindest gestreift wurde, hatte die von Konstantius, dem Heermeister des Honorius (393-423), organisierte Stabilisierung der Rheinprovinzen offenbar Bestand und ließ eine Erholung der Stadt zu[109].

Den endgültigen Abschluß der Römerzeit markiert erst der Einfall der Hunnen in Gallien unter Attila (434/53) im Jahre 451. Ob Attila bei Mainz den Rhein überquerte und die Stadt verwüstete, ist umstritten. Die Etappen des Hunnenzuges, die in einem nur wenige Jahre später verfaßten Gedicht des Sidonius Apollinaris sche-

---

[104] Altheim, Hunnen 4,193/206, bes. 194 m. Anm. 13f. (Quellen); Schmidt, Ostgermanen 137; vgl. Büttner, Mainz im Mittelalter 1f.; Decker/Selzer 540; Ewig, Raum 276; ders, Patrozinien 159.

[105] Mit einem Überfall auf Mainz im Jahre 436 rechnet etwa Ewig, Frühes Mittelalter 38.

[106] Salvian, De gubernatione Dei 6, 39 (CSEL 8,136; zweisprachig m. Komm. v. K. Treu/ H. Berthold/ H. Labuske: Quellen IV, 314f.; 538/40); weniger stark betroffen waren Trier und Köln, das lediglich "*hostibus plena*" sei.

[107] Ebd. 538; v. Petrikovits, Mogontiacum 35; Hauck, Kirchengeschichte 1,34, Anm.1 möchte die Vernichtung, die er auf 406/7 bezieht, nicht wörtlich verstehen oder aber einen alsbaldigen Wiederaufbau der Stadt annehmen, da im 6. Jh. noch Reste von 'templa vetusta' vorhanden waren (vgl. S. 38f.).

[108] Ewig, Raum 277; vgl. zu St. Alban S. 45/7.

[109] Ewig, Raum 276; die bis 406 bestehende Limitanordnung wurde jedoch nicht wiederhergestellt; ebd. 274; den "völligen Zusammenbruch der Rheingrenze" meint Heinemeyer, Erzbistum 43 m. Anm. 90 bereits 406/7 konstatieren zu können.

menhaft angegeben werden[110], könnten evtl. an einen Rheinübertritt fast 100 km stromabwärts von Mainz im Neuwieder Becken denken lassen[111]. Am 7. April 451 ist jedenfalls die Zerstörung von Metz zuverlässig bezeugt, das über die römische Hauptstraße aus dem Raum Mainz-Worms direkt erreicht werden konnte[112].
Für die Annahme, daß Attila sein Heer im Rhein-Main-Gebiet sammelte und wie die germanischen Invasoren von 406 bei Mainz den Rhein überschritt, könnte die Tradition über den Märtyrerbischof Aureus sprechen. Dieser wurde nach dem Martyrologium des Hrabanus Maurus aus dem neunten Jahrhundert zusammen mit seiner Schwester Justina *"ab Hunis vastantibus praedictam civitatem (Mainz) in ecclesia"* getötet[113]. Die Hunnen konnten zwar durchaus stellvertretend für alle germanischen Scharen stehen[114], so daß neben 436 und 451 auch der Germaneneinfall des Jahres 406 für das Martyrium in Frage kommt. Dieses bringen aber schon in der Mitte des elften Jahrhunderts der Mainzer Domscholaster Gozwin d. Ä. und ihm folgend um 1300 der Mönch Sigehard von St. Alban eindeutig mit Attila in Verbindung[115]. Auch wenn die Zuverlässigkeit gerade dieser letzten Überlieferung als fraglich gelten muß[116], wird eine Zerstörung von Mainz im Jahre 451

---

[110] Sidonius, Carm. 7, 321/8. (MGH. AA 8,211); nach Th. Mommsens (in der Praefatio der Edition C. Luetjohanns; MGH. AA 8,LI) ist Carm. 7 im Jahr 456 "principe Avito" (vgl. V. 7 u. V. 601) verfaßt; zweisprachig m. Komm. ediert v. K. Treu/ H. Labuske: Quellen IV, 364f; 560):
In der sehr stilisierten Darstellung werden Nicer (Neckar), Hercynia (das Hercynische Gebirge, evtl. Taunus und Westerwald), Rhenus (Rhein) und Belga (die Belgica) als Stationen genannt; Ewig, Raum 278; Zöllner, Geschichte 31, Anm. 3 zu Carm. 7: "Der Anmarsch und der Rückzug führten Attila jedenfalls durch rheinfränkisches Gebiet".

[111] So Schmidt, Ostgermanen 473f. mit Hinweis auf die von Sidonius unter den Hilfsvölkern erwähnten, weiter nördlich ansässigen Brukterer; vgl. Anton, Trier 49.

[112] Ewig, Raum 278.

[113] Hrabanus Maurus, Martyrologium ad Iuni 16 (CCM 44,58,168f.); zitiert auf S. 83.

[114] Vgl. schon D. Papebrochius: ActaSS Juni V (De Albano) 76,8 F; Brack, Geschichte 1,457 u. Falk, Älteste Zeit 45, Anm. 1.

[115] Gozwin, Passio s. Albani 25; 28 (Basnage 163f.); Sigehard, Bericht: ActaSS Juni IV,62,3f.; als Zeitpunkt des Martyriums wird hier aber fälschlich der 16. Juni 454 angegeben, was D. Papebrochius nach heutiger Datierung des Hunnenzuges in 451 korrigiert hat (ebd. 37, 7f.).

[116] Vgl. zur zeitlichen Einordnung des Aureus S. 89f.; 95.

- oder beim Rückzug der Hunnen im folgenden Jahr - in der neueren Literatur meist für wahrscheinlich oder sogar sicher gehalten[117]. Aetius konnte am 20. Juni 451 zwar den Vormarsch der Hunnen unter Attila auf den Katalaunischen Feldern mit Hilfe der Westgoten stoppen[118], seine Ermordung am 21. September 454 und die des Kaisers Valentinian III. (425-455) am 16. März des folgenden Jahres zogen dennoch den endgültigen Zusammenbruch der gallischen und germanischen Provinzen nach sich. In Mainz traten bald darauf - endgültig wohl 456 nach dem Tode des erst im Vorjahr ausgerufenen Kaisers Avitus - die Franken die Nachfolge der Römer an[119]. Über den Zustand der Stadt und der kirchlichen Organisation nach den Verheerungen der ersten Hälfte des fünften Jahrhunderts und dem Abzug der römischen Oberschicht ist wenig bekannt. Die Franken werden die Stadt zwar mit stark dezimierter Einwohnerzahl und teilweise zerstört, aber "sicher nicht als völlig menschenleeres Trümmerfeld" vorgefunden haben[120]. Inwieweit die noch unbekehrten Franken die Ausübung des Christentums direkt behinderten, ist schwer einzuschätzen. Die zu beobachtende Schwächung der Kirche ist zu einem großen Teil eher auf Verarmung und Rückgang der Bevölke-

---

[117] Vgl. etwa Decker/Selzer 540, die eine Zerstörung für "sicher"; halten; ebenfalls bejahend äußern sich Jürgensmeier, Bistum 19; Brühl, Palatium 91; Dassmann, Anfänge 48; Ewig, Raum 278 m. Anm.31 erwägt eine durchaus denkbare Verwüstung der Stadt auf dem Rückzug oder durch umherschweifende Abteilungen des Attilaheeres, das dafür nicht notwendig bei Mainz den Rhein überschritten haben muß. Dagegen weisen etwa Brack, Geschichte 1,428; Friedrich, Kirchengeschichte 1,315 u. Falk, Jahrtausend 5 einen Überfall durch die Hunnen Attilas zurück, da sichere Zeugnisse fehlen und Mainz nach dem Zeugnis Salvians schon vorher zerstört gewesen sei.

[118] Vgl. Altheim, Hunnen 4,321/9.

[119] Vgl. etwa Büttner, Mainz im Mittelalter 2; Schieffer, Mainz 38; Zöllner, Geschichte 31; Staab, Untersuchungen 8; Heyen, Gebiet 303 spricht von einem "langfristigen Frankisierungsprozeß", in dem der "endgültige Fall von Mainz auf 456" zu datieren sei; ähnlich Heinemeyer, Erzbistum 9f. m. Anm. 14. Beim Kosmographen von Ravenna findet sich eine auf den Ausgang des 5. Jh. bezogene Qualifizierung von Mainz als "civitas Francorum" (Ravennatis Anonymi cosmographia 4, 24; 26 [Schnetz 60f.]); vgl. Falck, Mainz 2; Brühl, Palatium 91. Wieweit Mainz zunächst noch in den Machtbereich der Alamannen geriet (vgl. Staab, Untersuchungen 9/12; ders., Heidentum 119; 140) oder nur an das Alamannengebiet angrenzte (so Wirtz, Franken 220; Ewig, Frühes Mittelalter 38), braucht hier nicht thematisiert zu werden.
Daß jedenfalls die Römerherrschaft ihr Ende fand, bestätigt auch das weitgehende Fehlen römischer Münzen aus dem 5. Jh; Falck, Mainz 2.

[120] Falck, Geschichte: Führer 59.

rung als auf Verfolgung und Zwang zurückzuführen. Da die Germanen aber, gleichsam als Ersatz, ihre eigenen heidnischen Kulte mitbrachten und verbreiteten, spricht H. von Petrikovits im Ergebnis von einer "Repaganisierung der linken Rheinlandschaften"[121]. Wie schwierig die Lage für die Christen war, läßt sich am leichtesten daran ablesen, daß nach der Mitte des fünften Jahrhunderts im Rheinland offenbar keine Kirchen mehr gebaut wurden[122].

Trotz aller Erschwernisse darf man aber von einer gewissen Kontinuität des Christentums in Mainz ausgehen, wie an erster Stelle die Grabsteine bezeugen, die ohne wesentliche Unterbrechung von der römischen an die fränkische Zeit anknüpfen[123]. Auch das Weiterleben christlicher Heiligentraditionen aus römischer Zeit spricht klar für die durchgehende Besiedlung der Stadt mit gläubigen, wenn auch vielleicht nicht in alter Weise kirchlich organisierten Christen.

Ob nämlich auch die bischöfliche Leitung den Übergang von der römischen in die fränkische Zeit überdauerte, ist mehr als fraglich. Zumindest die Kathedrale als äußeres Zeichen bischöflichen Wirkens dürfte wie der größte Teil der Stadt die Angriffe nicht unbeschadet überstanden haben. Als Hauptargument gegen einen fortwährenden Bestand des Bistums steht vor allem im Raume, daß die insgesamt recht zuverlässigen Mainzer Bischofslisten nach der Mitte des fünften Jahrhunderts abreißen. Als zweiter Nachfolger des im Hunnensturm umgekommenen Aureus erscheint dort bereits Sidonius, dessen Wirken eindeutig erst in der Mitte des sechsten Jahrhunderts bezeugt ist[124].

---

[121] v. Petrikovits, Germania 625; vgl. ders., Altertum 292.

[122] v. Petrikovits, Germania 624; ders., Altertum 292; Dassmann, Anfänge 163.

[123] Behrens, Frühchristliches Mainz 33f.; v. Petrikovits, Mogontiacum 35f; ders., Fortleben 72/81, bes. 77f.; Falck, Mainz 2f.; Dassmann, Anfänge 49f.; 162 ruft mit Verweis auf Angenendt, Frühmittelalter 31 das enorme Mißverhältnis von etwa 200 000 Franken gegenüber 5 Millionen Gallo-Romanen in Gallien vor Augen, das von vorneherein die Annahme einer einschneidenden "Germanisierung" verbietet; Büttner, Christentum am Mittelrhein 15; 17, Anm. 49 denkt nach den Zerstörungen des 5. Jh. an eine vorübergehende Siedlungsverlagerung vor die Mauern der Stadt, insbesondere nach St. Alban und an den Dimesser Ort; von Ewig, Frühes Mittelalter 38 mit guten Gründen zurückgewiesen; vgl. dazu auch Staab, Untersuchungen 130.

[124] Vgl. zu Sidonius Kap. 3.5.3.

- Die Wiederherstellung der Stadt im sechsten Jahrhundert

Der Mainzer Bischof Sidonius wird vom reisefreudigen gallo-römischen Dichter Venantius Fortunatus[125] in Carm. 9,9 als der große Erneuerer gepriesen, der die alten Kirchen restauriert habe. Für die Frage nach dem Fortbestand des Bistums während der ca. 100 Jahre zwischen der Römerzeit und Sidonius, sind die Anfangsverse dieses Gedichtes aufschlußreich:

*"Beklage nicht (länger) das Los deines Schicksals, glückliches Mainz,/ dein Bischof ist zurückgekehrt, um dir Hilfe zu bringen./ Damit du nicht (länger), in schwerer Trauer weinend, verwaist daniederlagst,/ - glaube, daß du nach dem Hunger die Freuden eines Festmahles verdient hast -/ reichte dir - sieh da - die Hand Sidonius, der (neue) Vater der Stadt./ Weil er den Ort erneuerte, fand der alte Verfall ein Ende/ [...].
Indem du die alten Kirchen mit großem Schmuck erneuerst,/ flößt du dem Volk eine größere Gottesliebe ein./ Um dem Volk zu helfen, dämmst du auch den Wasserlauf des Rheines ein:/ Wer (schon) Gutes dem Wasser antut, welchen Nutzen mag er (erst einmal) dem Land bringen?/ Weil hier Heiligtümer glänzen, weil sie von dir erneuert hier stehen,/ lebst du in ewig dir dargebrachtem Lob"*[126].

---

[125] Venantius Fortunatus (gest. um 600) kam 565 nach Gallien; wahrscheinlich 566/7 besuchte er Mainz, in welcher Zeit die Mainz betreffenden Gedichte 2,11; 2,12 u. 9,9 entstanden sind; vgl. M. Schuster, Art. Venantius Fortunatus: PRE VIII A,1 (1955) 678f.; Falck, Mainz 5; Ewig, Raum 290, Anm. 80; Heinemeyer, Erzbistum 12, Anm. 25.

[126] Carm. 9,9,1/6; 25/30 (MGH. AA 4,1,215f.):
"Reddita ne doleas, felix Magantia, casus:
   antistes rediit, qui tibi ferret opem.
ne maerore gravi lacrimans orbata iaceres,
   te meruisse fame [gaudia crede dapis],
5 *porrigit ecce manum genitor Sidonius urbi,*
   quo renovante locum prisca ruina perit.
[...]
25 *templa vetusta novans specioso fulta decore*
   inseris hinc populis plus in amore deum.
ut plebem foveas et Rheni congruis amnes:
   quid referat terris qui bona praebet aquis?
hic quod fana micant, a te instaurata quod extant,
30 *vivis in aeterno laude fluente tibi".*

Nach diesem Zeugnis trat Sidonius sein Amt also nach einer längeren Sedisvakanz an. Weil die "alten Kirchen" (*templa vetusta*) zerstört waren, scheinen die Mainzer Bischofsreihe und damit auch der Bestand des Bistums von der Mitte des fünften bis zur Mitte des sechsten Jahrhunderts unterbrochen gewesen zu sein. Die genaue Dauer der Vakanz kann nicht mehr ermittelt werden, da weder sicher zu bestimmen ist, wann die römerzeitliche Kette abgerissen ist noch in welchem Jahr Sidonius sein Amt angetreten hat. Die Existenz alter, wenn auch möglicherweise zerfallener Kirchen, die doch zumindest in die Zeit vor 450 zurückreichen müssen und von den neuen fränkischen Herrschern nicht etwa abgetragen wurden, kann als Hinweis auf ein fortwährendes Bestehen des Mainzer Christentums verstanden werden[127]. Das Fehlen einer bischöflichen Leitung jedoch findet eine Bestätigung in dem ganz ähnlichen Bild, das die Bischofslisten der benachbarten Rheinstädte Köln, Worms und Speyer aufweisen[128], wodurch ein bloßer Überlieferungsmangel, eine Lücke, eigentlich ausgeschlossen werden kann[129]. Es hat den Anschein, als wenn die hohe Kirchenleitung in die westliche Sequania und die Belgica I hat ausweichen müssen, wo etwa in Trier die Folge der Bischöfe vom vierten Jahrhundert an ohne Lücke kontinuierlich nachzuweisen ist[130].

---

[127] So Hauck, Kirchengeschichte 1,34, Anm. 1.

[128] Vgl. Dassmann, Anfänge 116; 56f.; 57f.

[129] v. Petrikovits, Altertum 292; Falck, Mainz 3; für Brühl, Bischofslisten 41 kann es "keinen Zweifel daran geben, daß die bischöfliche Sukzession in der Germania I im 5./ 6. Jahrhundert für mehrere Jahrzehnte, wahrscheinlich sogar noch wesentlich länger unterbrochen gewesen ist, ja für Worms und Speyer erhebt sich gar die Frage, ob diese Civitates in spätrömischer Zeit überhaupt Bistümer gewesen sind"; Agenendt, Frühmittelalter 118 stellt überall in Grenznähe eine "deutliche Diskontinuität" des Christentums fest; Ewig, Bischofsgräber 173 schwankt zwischen einer Lücke in der Mainzer Bischofsliste und einer wirklichen Vakanz; ders., Patrozinien 154 spricht jedoch von einer "längeren Vakanz des Bistums". Heinemeyer, Erzbistum 13 hält es - mit Neuss, Anfänge 15f. - aufgrund anderer offenkundiger Fehler in den Listen für denkbar, daß in den fraglichen 100 Jahren doch Bischöfe wirkten, "deren Erinnerung jedoch gänzlich verloren ging"; dagegen für Brühl, Palatium 102 m. Anm. 140 v.a. auf das zitierte Carm. 9,9 des Venantius Fortunatus zu verweisen, aus dem Heinemeyer an anderer Stelle (Erzbistum 15) auch folgerichtig eine Unterbrechung der bischöflichen Kontinuität ableitet; Büttner, Mainz im Mittelalter 4 wendet sich wenig überzeugend gegen ein Verständnis des Carm. 9,9 im Sinne einer längeren Verwaistheit des Bistums und geht lediglich von einer "der Gepflogenheit der Merowingerkönige" entsprechenden Neubesetzung des Bischofsstuhles mit Sidonius aus.

[130] v. Petrikovits, Germania 623.

Ganz offensichtlich war die Übergangszeit von der römischen zur fränkischen Herrschaft für das Rheinland und Mainz eine von großen Einbußen geprägte, schwierige Periode. Einen wirklichen Aufschwung erlebten die Kirche als Organisation und die ganze Stadt nachweislich erst im sechsten Jahrhundert - nach der Christianisierung der Franken -, als Sidonius den Wiederaufbau einleiten konnte[131].
Für die Folgezeit ist der Bestand des Bistums durchgehend gesichert, so daß für die Thematik der frühen Bischöfe die weitere Geschichte nicht mehr eigens dargestellt werden muß; sie wird nach Bedarf in die Behandlung des jeweiligen Bischofs einfließen.

2.2.3. Archäologische Zeugnisse über die Anfänge des Christentums in Mainz[132]

2.2.3.1. Christliche Grabsteine

Die ersten eindeutigen Zeugnisse des Ammianus Marcellinus und des Hieronymus über zahlreiche, wohl einem Bischof unterstellte Christen in Mainz in den Jahren 368 und 406 stehen in Übereinstimmung mit archäologischen Funden, die insbesondere dem Areal der früheren Albanskirche zuzuordnen sind. Dem späten vierten Jahrhundert entstammen die ältesten, in geringer Zahl erhaltenen christlichen Grabsteine[133], so daß auch von dieser Seite der Durchbruch der Mainzer Kirche erst einige Jahre oder eher Jahrzehnte nach Konstantin angesetzt werden sollte. Daß schon früher Christen in Mainz gelebt haben, kann durch Bodenfunde nicht widerlegt, aber eben auch nicht bewiesen werden[134]. Offenbar fehlte bis in das

---

[131] Vgl. zum bedeutenden Wirken des Sidonius Kap. 3.5.3., S. 97/103.

[132] Vgl. zum Folgenden die Karte auf S. 8.

[133] Nach Boppert, Inschriften 13/95 sind bisher 27 frühchristliche lateinische Grabinschriften bzw. deren Fragmente in Mainz gefunden worden; davon sind wohl 6 allesamt aus St. Alban stammende bereits ins 4. oder beginnende 5. Jh. zu datieren (Ebd. 4; 31/3; 40/2; 47/9; 63/7; 83/5; 85/7); vgl. Behrens, Frühchristliches Mainz 33; Staab, Untersuchungen 21f.; Dassmann, Anfänge 49f.

[134] Behrens, Frühchristliches Mainz 33 weist eine christliche Deutung von Kreuzen auf Gefäßscherben des 1. bis 3. Jahrhunderts zurück.

vierte Jahrhundert hinein noch die gesellschaftliche Etabliertheit der christlichen Religion gerade in den wohlhabenderen Kreisen.

Die Frage nach der Entstehungszeit der ersten Zömeterialkirchen und insbesondere der Kathedrale muß auf der Grundlage dieser Ergebnisse zu beantworten versucht werden.

2.2.3.2. Erste Kirchbauten

- **Die Bischofskirche**

Da nach obigen Ausführungen einiges darauf hinweist, daß es in Mainz vor der Mitte des vierten Jahrhunderts allenfalls kleinere christliche Gruppen ohne bischöfliche Leitung gegeben hat, sollte auch die Errichtung einer offiziellen Bischofskirche nicht zu früh angesetzt werden. Über die Entstehungszeit und den genauen Standort[135] der römischen Kathedrale besteht eine fortdauernde Kontroverse. Sie ist wohl nicht im Bereich des heutigen Martinsdomes zu suchen, der um die Jahrtausendwende auf freiem Gelände erbaut worden zu sein scheint[136]. Ausgrabungen unter der evangelischen Pfarrkirche St. Johannis westlich des heutigen Domes brachten 1950/51 Fundamente eines spätrömischen Baus zutage[137], der als

---

[135] Über die von Sidonius geschaffene, für Bistümer Galliens durchaus übliche "Kathedralgruppe" aus Bischofkirche (St. Martin), Katechumenenkirche (St. Maria; durch Hrabanus Maurus bezeugt bei Kraus, Inschriften 2, Nr.233; später St. Bonifatius) und Baptisterium (St. Johannis) vgl. Ewig, Patrozinien 154/7; ders., Kathedralpatrozinien 1; 59; ähnlich Weidemann, Topographie 193f.; Semmler, Mission 821; Arens, Kunstdenkmäler 415/23; bes. 422; Feine, Rechtsgeschichte 98; Böhner, Mainz 384; skeptisch äußert sich Brühl, Palatium 104 m. Anm. 165.

[136] Für eine "ungewöhnlich individuelle Neuschöpfung" des Bischofs Willigis (um 940 bis 1011) hält den Martinsdom Esser, Mainzer Dom: Führer 160; ders., ebd. 156/9 verneint kategorisch die Möglichkeit einer spätrömischen Vorgängerkirche unter dem Dom und legt seine Argumente ausführlicher dar in ders., Mainzer Dom: Willigis und sein Dom 137/9; vgl. auch Dassmann, Anfänge 54; die Literatur zur Bischofskirche vor Willigis ist zusammengestellt bei Schwerdtfeger, Dom 135/40.

[137] Zu den noch immer unpublizierten Ergebnissen der Ausgrabungen durch K.H. Esser vgl. Vorromanische Kirchenbauten 197; Arens, Kunstdenkmäler 423f.; ders., St. Johannis: Führer 170f.; Esser, Mainzer Dom: Führer 155f.; ders., Mogontiacum 224f.

die frühe Bischofskirche gedeutet werden kann[138]. K. H. Esser möchte ihre Errichtung in Zusammenhang bringen mit dem 346 auf der Kölner Synode erwähnten Martinus und daher in das Jahrzehnt 340/50 datieren[139]. Die Annahme einer Entstehung vor 368 ist folgerichtig aufgrund des Zeugnisses von Ammianus Marcellinus, das man wohl auf die Bischofskirche beziehen darf. Jedoch erscheint es höchst fragwürdig, den sehr zweifelhaft bezeugten Bischof Mar(t)inus für die Datierung heranzuziehen[140], so daß der Bauabschluß möglicherweise noch näher an das Jahr 368 herangerückt werden muß[141]. Das seltene Martinspatrozinium[142] dürfte erst auf Sidonius zurückgehen[143], der ja in der Mitte des sechsten Jahrhunderts die "templa vetusta" erneuerte. Zu den restaurierten oder durch einen Neubau ersetzten Kirchen wird man auch die spätrömische Kathedrale zählen müssen, für deren Bestand er sich besonders eingesetzt haben dürfte. Da sie einem neuen Patron geweiht wurde, ist wahrscheinlich, daß die kultische Kontinuität der Bischofskirche unterbrochen war und ihre Wiederherstellung vielleicht einem Neubau gleichkam[144]. Über das ursprüngliche Patrozinium haben sich keine Nachrichten erhalten; ob sie möglicherweise Maria[145] geweiht war oder einem Apostel[146] kann nur Gegenstand der Spekulation sein.

---

[138] Mit überzeugenden Gründen Arens, Kunstdenkmäler 418f.; 422/4; so schon Falk, Hl. Mainz 269; ders., Jahrtausend 6f.; Kautzsch, Johanniskirche 60/4, dagegen Stimming, Mainz 139 nach L.A. Veith, Ist die Johanniskirche wirklich der alte Dom in Mainz?: Mainzer Journal (1910) Nr. 36, 40, 48, 57, 60; Sartorius, Johanniskirche, bes. 77; 83; Ewig, Patrozinien 156; Weidemann, Topographie 194; Brühl, Palatium 104; vgl. zur Diskussion Falck, Mainz 96f.

[139] Esser, Mogontiacum 225; ebenso Decker/Selzer 530.

[140] Vgl. Brühl, Palatium 104, Anm. 158.

[141] Durch nichts beweisbar ist die Ansetzung des ersten Doms noch in konstantinische Zeit, wie Falk, Älteste Zeit 44 als "wohl sicher" annimmt.

[142] Erstmalig in einer Urkunde von 752 bezeugt (Urkundenbuch Fulda 1,36, Nr. 18); an Mosel, Rhein und Donau gibt es kein weiteres Martinspatrozinium; Büttner, Christentum am Mittelrhein 16 m. Anm. 48.; der Martinskult breitete sich erst nach der Erbauung der großen Basilika durch Perpetuus von Tours (460/61-490/91) aus; Ewig, Patrozinien 156; Dassmann, Anfänge 54.

[143] Ewig, Kathedralpatrozinien 51.

[144] Ewig, Patrozinien 156; Heinemeyer, Erzbistum 14f.

[145] Vgl. etwa Falk, Älteste Zeit 48; zu der überaus weiten Verbreitung des Marienpatroziniums vgl. Ewig, Kathedralpatrozinien 7/15.

- **Frühe Zömeterialkirchen**

Auf den aus der Römerzeit übernommenen Gräberfeldern befanden sich wahrscheinlich zeitgleich mit der Kathedrale oder schon kurz vorher errichtete kleinere Gedächtniskapellen. Es besteht sogar einige Berechtigung, die großen traditionellen Gräberfelder vor den römischen Stadtmauern als die "Keimzellen des frühen Christentums der Stadt" anzusehen[147]. Insbesondere ist hier an die Gräberfelder[148] im Zahlbachtal, der "vallis sacra", an das Areal im Bereich der römischen Hafensiedlung, den Dimesser Ort, und an den südlich der Stadt gelegenen Albansberg zu denken.

Für das Alter der Kapelle St. **Hilarius** im heiligen Tal bei Zahlbach spricht, daß sie bis ins achte Jahrhundert Grablege der Mainzer Bischöfe war[149]. Das Patrozinium weist allerdings erst in das sechste Jahrhundert, als nach dem Sieg Chlodwigs über die Westgoten (507) die Verehrung des Heiligen Hilarius von Poitiers (gest. 367/8) als eines "Nationalheiligen" neben Martin von Tours (gest. 397) im Frankenreich weite Verbreitung fand[150]. Ob ein Vorgängerbau bestand, in dem schon die römerzeitlichen Bischöfe bestattet wurden, oder ob der große Erneuerer der Mainzer Kirche, Sidonius, die spätere Hilariuskirche über den Gräbern der ersten Bischöfe im sechsten Jahrhundert neu errichtet hat, ist ungewiß[151]. Sicherlich heute als falsch erwiesen ist die auf Sigehard (um 1300) zurückgehende Ansicht, St. Hilarius sei die erste Kathedrale von Mainz gewesen. Es handelt sich dabei um die freie Schlußfolgerung aus der Tatsache, daß die ersten Bischöfe diesen Ort für ihre Bestattung gewählt haben, und aus der falschen Annahme, das Zentrum der antiken Stadt habe

---

[146] Ein durch lange Kultunterbrechung verdrängtes Herren- oder Apostelpatrozinium vermutet Falck, Mainz 18; Friedrich, Anfänge 84 u. Weidemann, Topographie: Führer 48 denken an Petrus, Staab, Untersuchungen 129 hält Stephan, Maria und Johannes für die ursprünglichen Patrone der Kathedralgruppe.

[147] So Schreiber, Dalheim 19f. mit Berufung auf Büttner (Vorlesung SS 1947).

[148] Vgl. Decker/Selzer 529/32; 558, Abb. 11.

[149] Vgl. Weidemann, Topographie 159; 161; Falck, Mainz 4; Ewig, Patrozinien 160.

[150] Ewig, Trier 91; ders., Patrozinien 161 m. Anm. 44; Dassmann, Anfänge 55.

[151] Für eine Zömeterialkirche mit unbekanntem Patrozinium seit konstantinischer Zeit tritt etwa Falk, Älteste Zeit 43 ein; Ewig, Patrozinien 160 denkt als Vorgängerbau von St. Hilarius an die alte Marienkirche, bei der das zuerst im Jahre 1145 sicher bezeugte Kloster Maria Dalem entstand; so schon Schreiber, Dalheim 21f., der aber auf das Problem der Entfernung von etwa 500 m zwischen Kloster und Kirche hinweist; Dassmann, Anfänge 55 hält eine Vorgängerkirche für "eher unwahrscheinlich"; vgl. zur Lage der Kirche Arens, Kunstdenkmäler 128.

sich im heiligen Tal befunden[152]. Noch die Mainzer Humanisten J. Trithemius und J. Latomus waren im 16. Jahrhundert derselben Meinung[153]. Erst im beginnenden 17. Jahrhundert wurde die Kapelle nach dem Märtyrerbischof des fünften Jahrhunderts in "St. Aureus" umbenannt[154].
Auch auf dem Gräberfeld im Norden der heutigen Stadt beim römischen Rheinhafen könnte sich schon in spätrömischer Zeit eine Memorialstätte befunden haben. Von den drei in dieser Gegend später bezeugten[155] Kirchen St. Peter[156], St. Clemens[157] und St. Theomast[158], von denen die letztgenannte der Gegend den Namen **"Dimesser Ort"** gab, weist vor allem das Patrozinium von St. Peter noch in römi-

---

[152] Sigehard, Bericht: ActaSS Juni IV,62,1; vgl. S. 12f.; in der frühen Zeit wurden die Bischöfe der rheinischen Bistümer i.d.R. in Zömeterialkirchen vor den Mauern der Stadt beigesetzt; nicht vor dem 9/10. Jh. wurde die Bestattung im Dombereich üblich; Gierlich, Grabstätten, bes. 385.

[153] Nach Arens, Kunstdenkmäler 127, der auf Joannis 1,166 verweist; vgl. Schreiber, Dalheim 23; in neuerer Zeit wurde die Vorstellung aufgenommen von Neeb, Amphitheater 34f.; Falk, Heiliges Mainz 268f.; Friedrich, Anfänge 80; Schreiber, Bischofssitze 68.

[154] Die Umbenennung hängt wohl mit der Aureusverehrung des Erzbischofs Johann Adam von Bicken (1601/4) zusammen, der die Kapelle restaurierte; Serarius 121 ("S. Hilarii quondam: Nunc S. Aurei") erwähnt den Titel 1604 zum ersten Mal; vgl. Brilmayer, Rheinhessen 220; Schreiber, Dalheim 22; Arens, Kunstdenkmäler 128.

[155] Alle drei Kirchen, deren Lage für eine schon frühe Entstehung spricht, werden in einer Schenkungsurkunde von 791 als Anlieger eines Objektes außerhalb der Stadtumgrenzung genannt (Urkundenbuch Fulda 1,287,9/16, Nr. 190):
"[...] trado unam arialem extra murum civitatis Mogontie [...], que hoc modo circumquaque terminatur: in una parte iacet pars sancti Clementis et in alia parte sancti Petri, tertia parte sancti Teomasti, quarta parte Renus fluvius";
Ewig, Patrozinien 161.

[156] Vgl. zu 'Alt-Sankt Peter extra muros' Arens, Inschriften [56]f.

[157] Vgl. zur Clemenskapelle Arens, Kunstdenkmäler 170, der sie zu den frühesten römisch-christlichen Kirchengründungen rechnet.

[158] Das Patrozinium des erst im 5. Jahrhundert fern von Mainz gestorbenen Theonest / Theomast deutet auf eine spätere Entstehung, falls man nicht eine spätrömische Memoria als Vorgängerbau annehmen will (so Ewig, Frühes Mittelalter 38); zur Baugeschichte der Theonestkapelle, die sich am Westausgang von Mainz im Hafenbereich befunden hat und gegen Ende des 16. Jh. endgültig niedergelegt worden ist vgl. Brilmayer, Rheinhessen 430f.

sche Zeit[159]. St. Theomast (später "St. Theonest") soll auf den hl. Theonest / Theomast zurückgehen, der nach der Überlieferung am Anfang des fünften Jahrhunderts mit seinem Schüler, dem hl. Alban, nach Mainz gekommen sei und das Bischofsamt bekleidet habe[160].
Der einzige mit annähernder Sicherheit spätantike christliche Bau ist die Zömeterialkirche **St. Alban** im Bereich des Gräberfeldes südlich der Stadt[161]. Hier konnten Ausgrabungen in den Jahren 1907/10 den Nachweis einer vorkarolingischen Saalkirche in römischer Mauertechnik mit einer stattlichen Größe von etwa 15 m x 30 m erbringen[162]. Diese Baustufe ist in die erste Hälfte des fünften Jahrhunderts zu datieren, da die geschichtlichen Umstände einen derart beachtlichen Bau nach 436 kaum mehr zugelassen haben dürften[163]. Es liegt daher nahe, die Errichtung der Kirche nicht lange nach dem Martyrium des heiligen Alban anzusetzen, der wohl beim Germaneneinfall von 406 ums Leben kam[164] und nach dem Martyrologium des Hrabanus Maurus (gest. 856) "*iuxta civitatem*" beigesetzt wurde[165]. Nach dem Untergang des römischen Baus entstand an dessen Nordseite, also neben dem

---

[159] Weidemann, Topographie 156; Ewig, Patrozinien 162; ders., Kathedralpatrozinien 22/5 rechnet die Petrus geweihten Zömeterialkirchen, von denen er mindestens 30 in Gallien zählt, einer älteren Schicht zu als die oftmals erst ins 6. Jahrhundert zu datierenden Kathedralen desselben Patroziniums.

[160] Vgl. zu Theonest / Theomast Kap. 3.6.

[161] Vgl. Selzer, St. Alban: Führer 11, 147/54; Arens, Kunstdenkmäler 11/27; Oswald, Kirchenbauten 193/6; Büttner, Christentum am Mittelrhein 13f.; Dassmann, Anfänge 51/3; erstmals urkundlich erwähnt wird St. Alban im Jahre 756 (Urkundenbuch Fulda 1,54,10, Nr. 29).

[162] Vgl. zum vorkarolingischen Bau Neeb, Baugeschichte 74f.; ders., Bericht 35f.; Selzer, St. Alban: Führer 147/9; Dassmann, Anfänge 51.

[163] Den Terminus post quem gibt ein unter dem ungestörten Fußboden gefundener Glasbecher des 4. Jahrhunderts an; Vorromanische Kirchenbauten 195; zur Hunnenbedrängnis des 5. Jh. vgl. S. 33/6.

[164] Vgl. zu Alban S. 130/2; nach Ewig, Frühes Mittelalter 37 (vgl. ders., Raum 276) ist eine Entstehung über dem Märtyrergrab innerhalb des Zeitabschnitts von 407 bis 436 am wahrscheinlichsten, als sich die römische Verwaltung noch einmal erholen konnte; ders., Patrozinien 159 vermutet aufgrund eines später bezeugten Altars (vgl. Anm. 170), daß die Basilika ursprünglich noch den Aposteln geweiht war.

[165] Hrabanus Maurus, Martyrologium ad Juni 21 (CCM 44,60,234); dies träfe auf den Albansberg zu; eine Bestattung in der Hafengegend und eine spätere Überführung nach St. Alban unter Sidonius vertritt jedoch Falk, Älteste Zeit 47.

Märtyrergrab, in fränkisch-merowingischer Zeit eine kleinere Kirche[166]. In den 90er Jahren des achten Jahrhunderts begann der Erzbischof Richulf (787/813) dann den gewaltigen Neubau der im Jahre 805 geweihten[167] dreischiffigen Basilika wieder an der ursprünglichen Stelle[168]. In den Gesamtkomplex wurde die noch bestehende fränkisch-merowingische Anlage als "nördlicher Querschiffsflügel" integriert[169]. In diesem Teil, "am Apostelaltar", wurde im Jahre 794 noch vor der Fertigstellung Fastrada, die Frau Karls des Großen, beigesetzt[170]. Im Gefolge dieses Ereignisses kam es 796 zur Gründung des Benediktinerklosters, das bis ins 16. Jahrhundert Bestand haben sollte[171].

Die gewachsene Bedeutung dieser neben dem Dom angesehensten Mainzer Kirche wird vor allem darin sichtbar, daß sie nicht nur von weltlichen Fürsten, sondern zwischen 813 und 975 auch von den Mainzer Erzbischöfen zur letzten Ruhestätte gewählt wurde[172]. Für die Thematik der frühen Bistumsgeschichte ist St. Alban

---

[166] Zu den Bauabschnitten von St. Alban vgl. Arens, Kunstdenkmäler 12; Selzer, St. Alban: Führer 149/53; Vorromanische Kirchenbauten 193/6; Dassmann, Anfänge 53.

[167] Als Tag der Weihe ist der 1. Dezember 805 durch eine überlieferte Inschrift bezeugt (Arens, Inschriften 345f., Nr. 648f.; Böhmer/Will (Bearb.), Regesten 1,47).

[168] Es handelte sich um eine der größten Kirchenbauten der karolingischen Zeit, der nur der spätere Dom vergleichbar ist; Falck, Mainz 29f.; genaue Angaben bei Neeb, Baugeschichte 75/81; Vorromanische Kirchenbauten 195; Arens, Kunstdenkmäler 19f.

[169] So Selzer, St. Alban: Führer 152f. m. Abb. 148; vgl. auch die folgende Anm.

[170] Gozwin, Passio s. Albani 37 (MGH. SS 15,2,990):
Karl der Große besorgte Fastrada ein *"funus ad monasterium Sancti Albani [...] in aquilonari vestibulo ante altare apostolorum"* (nach einem Cod. Vindobonensis saec. XIII; andere Lesart in einem Cod. Musei Britannici a. 1395: "sancte Marie"; auch Marianus Scottus beschreibt im 11. Jh. den Ort des Grabes als "in monasterio sancti Albani *ad aquilonalem plagam ante altare sanctae Dei genitricis*" (Chronik zum Jahr 794; MGH. SS 5,548,59); Neeb, Baugeschichte 80 erwägt die Identität der beiden Altäre im nördlichen "vestibulum", worunter "nicht die Vorhalle, sondern das nördliche Seitenschiff oder der nördliche Arm des Transepts, dieser querschiffartigen Anlage" zu verstehen sei.
Die Beisetzung Fastradas in St. Alban ist inschriftlich bezeugt; Kraus, Inschriften 2,95f., Nr. 217; Arens, Inschriften 1,343, Nr. 1; vgl. Arens, Kunstdenkmäler 12; Böhmer/Will (Bearb.), Regesten 1,48.

[171] Belegstellen bei Arens, Kunstdenkmäler 12; 15.

[172] Neeb, Baugeschichte 80 m. Anm. 39 gibt ausführl. Belege an; vgl. Brilmayer, Rheinhessen 15; Ewig, Bischofsgräber 171; Gierlich, Grabstätten 161/7.

von besonderem Interesse, weil in die Benediktinerabtei nach der lokalen Überlieferung am 14. März 935 die ersten zehn Mainzer Bischöfe überführt wurden, die vorher in der Friedhofskapelle St. Hilarius geruht hatten[173].
Wie bei der Kapelle St. Hilarius kann auch bei St. Alban nicht ausgeschlossen werden, daß schon vorher irgendeine christliche Kultstätte zu Ehren der Toten auf dem Albansberg bestand. Aufgrund der dort gefundenen christlichen Grabsteine aus dem vierten Jahrhundert erscheint eine solche Vermutung zumindest nicht abwegig[174]. Wohl abzulehnen ist jedoch die Ansicht H. Büttners, es handele sich bei St. Alban um die erste Kathedrale der Stadt[175]. Diese ist in jener Zeit mit hoher Sicherheit innerhalb der Stadtmauern zu suchen, während sich vor der Stadt auf den Gräberfeldern reine Zömeterialkirchen befunden haben. Auch die vorgestellten literarischen Quellen (Ammianus Marcellinus und Hieronymus) sind m. E. in diese Richtung zu interpretieren, wobei natürlich nicht ausgeschlossen werden kann, daß die christliche Bevölkerung nach den Zerstörungen des fünften Jahrhunderts vorübergehend den Siedlungsschwerpunkt vom zerstörten Stadtkern in Richtung Albansberg oder Hafengegend verlagert haben könnte[176]. Bemerkenswert ist aber, daß trotz der besonderen Bedeutung der Kultstätte des hl. Alban in den nachfolgenden Jahrhunderten jedenfalls keine dauerhafte Verschiebung des Stadtkerns nach Süden erfolgte. Dies spricht sowohl für die Existenz als auch für den Fortbestand einer Domkirche im Innern der Stadt - vielleicht auch während der wahrscheinlichen Sedisvakanzen zwischen 450 und 540[177].

Festzuhalten bleibt, daß auch die Mainzer Kirchen frühestens in die zweite Hälfte des vierten Jahrhunderts zurückreichen. Durch Grabungen ist jedoch nur im Falle von St. Alban und St. Johannis ein Vorgängerbau aus römischer Zeit recht sicher nachgewiesen. Auf dem Hintergrund dieser Übersicht über die literarischen und archäologischen Zeugnisse der Frühgeschichte des Bistums Mainz sollen nun die überlieferten Bischofsnamen in den Blick genommen werden. Wie lassen sie sich

---

[173] Vgl. Kap. 3.2.

[174] So Neeb: MZ 3 (1908) 74; Friedrich, Anfänge 81 schließt aus architektonischen Parallelen zwischen der ältesten Albanskirche und der christlichen Kultstätte aus konstantinischer Zeit am Platz des Domes in Aquileja auf eine ungefähr gleiche Entstehungszeit.

[175] Büttner, Das fränkische Mainz 238f.; dagegen Brühl, Palatium 104 m. Anm. 167.

[176] Büttner, Christentum am Mittelrhein 17, Anm. 49; Dassmann, Anfänge 52.

[177] Esser, Mogontiacum 225.

in den historischen Kontext einordnen? Und wie ist die Glaubwürdigkeit der Bischofslisten einzuschätzen?

3. Die frühen Mainzer Bischöfe im Spiegel der Bischofslisten

3.1. Beschreibung und Verhältnisbestimmung der überlieferten Bischofslisten

Zahlreiche Listen der Mainzer Bischöfe wurden im Mittelalter angefertigt und fanden weite Verbreitung. Ein großer Teil von ihnen hat jedoch nur geringen historischen Wert, da er sehr spät entstanden ist und es sich offenkundig lediglich um Abschriften früherer Kataloge handelt. Die neun bzw. zehn bisher bekannten ältesten Mainzer Bischofslisten hat O. Holder-Egger 1881 in den Monumenta Germaniae historica veröffentlicht[178]. Sie gehen auf Handschriften zurück, die zwischen dem beginnenden zehnten und dem 13./14. Jahrhundert in verschiedenen Regionen entstanden sind. In der Regel werden bloße Namensreihen geboten, lediglich bei einigen späteren sind Jahreszahlen zugefügt: In der Series VII, einem Codex Altahensis aus dem 13. Jahrhundert, ist die Amtsdauer der einzelnen Bischöfe nach Bonifatius angegeben, in der Series IX, einem Codex Moguntinus ebenfalls aus dem 13. Jahrhundert, sind sogar die jeweiligen Todesjahre verzeichnet. Damit besitzen diese Listen, die zwar auch die Namen der frühen Bischöfe anführen, einen besonderen Wert für die Geschichte der Erzbischöfe, die jedoch nicht mehr Gegenstand dieser Untersuchung sind.

Für die Thematik der frühen Bischöfe scheiden zwei der Reihen gänzlich aus, da sie erst mit Bonifatius beginnen[179]. Die verbleibenden acht weisen insgesamt nur sehr wenige Unterschiede auf, so daß man sie für miteinander verwandt halten muß. Offenkundig gehen sie alle auf eine gemeinsame Vorlage zurück, und zwar auf die in einem Münchener Codex aus dem 16. Jahrhundert erhaltene Liste in den Fuldaer Totenannalen[180], die O. Holder-Egger an vorderster Stelle eingeordnet hat. Neben der Spalte mit den Mainzer Bischöfen umfassen diese Totenannalen zwei weitere Verzeichnisse, in denen zum einen die Namen von Königen bis Heinrich I. (919 - 936), zum anderen die einiger Bischöfe und Äbte, die zur Zeit der Abfassung des Originals im Amt waren, geboten werden[181]. Diese Angaben erlauben eine ge-

---

[178] Series archiepiscoporum Moguntinorum: MGH. SS 13,311/6 (Series I, Ia; II-IX); vgl. die Einführung Holder-Eggers: ebd. 309f.; im folgenden beziehen sich die nur mit Nummern zitierten Listen auf diese Ausgabe, wo sie leicht auffindbar sind.

[179] Series IV u. V.

[180] Zur Fuldaer Namensliste im Codex Monacensis Lat. nr. 4012 f (Ms.Peut.) vgl. die ausführliche Kommentierung von Jakobi, Amtsträgerlisten 517/25.

[181] Vgl. die kritische Edition von Schmid, Klostergemeinschaft 216.

naue Datierung der Liste. Während O. Holder-Egger noch einen Zeitpunkt innerhalb der Spanne von 919 bis 923 offenließ, gelang es F. J. Jakobi mit Hilfe der dritten Spalte, die Abfassungszeit auf die zweite Hälfte des Jahres 923 genau einzugrenzen[182].
In dieser mit Abstand ältesten Liste, die nach allgemeiner Ansicht[183] zumindest nach Sidonius eine historisch getreue Wiedergabe der Mainzer Bischöfe der Merowingerzeit bietet, werden die folgenden Namen angeführt:

1) Aureus
2) Maximus
3) Sidonius
4) Sigimundus
5) Leudegasius
6) Petilinus
7) Lanwaldus
8) Laboaldus
9) Rigibertus
10) Geroldus
11) Gewiliobus
   (Bonifatius)

Die Liste endet erst mit Erzbischof Heriger (919-927), in dessen Amtszeit die Abfassung der Liste fällt; die auf Gewiliobus, den unmittelbaren Vorgänger des hl. Bonifatius, folgenden Namen sind jedoch hier nicht mehr von Interesse.
Mit Sidonius beginnt eine Reihe von zehn frühmittelalterlichen Bischöfen, von denen fünf auch durch zeitgenössische Quellen bezeugt sind[184]. In bezug auf die übrigen darf man ebenfalls von einer Zuverlässigkeit der Liste ausgehen, wobei man allenfalls die Vermutung einräumen kann, daß sie nicht ganz vollständig und - vielleicht an einer Stelle - in der Reihenfolge ungenau sein könnte.

---

[182] Holder-Egger (Series: MGH. SS 13,309; 311, Anm. 5) leitet jedoch den terminus ante quem aus der (nach Jakobi, Amtsträgerlisten 518f.; 521, Anm. 76 und Ewig, Bischofsgräber 172) fälschlich mit 913 - 924 statt richtig 913 - 927 angegebenen Amtszeit des zuletzt genannten Erzbischofs Heriger her.

[183] Vgl. etwa Ewig, Bischofsgräber 172f.; Jakobi, Amtsträgerlisten 521; Brühl, Palatium 101.

[184] Ewig, Bischofsgräber 172; Heinemeyer, Erzbistum 16f.

Vor Sidonius, dem großen Erneuerer des sechsten Jahrhunderts, werden jedoch nur Aureus und Maximus genannt. Vor Aureus, der wahrscheinlich in der ersten Hälfte des fünften Jahrhunderts den Hunnen zum Opfer fiel, muß es weitere Bischöfe der Römerzeit gegeben haben. Sie waren im 10. Jahrhundert dem Verfasser der Fuldaer Liste anscheinend nicht mehr bekannt.

Die gesamte dort angeführte Reihe von insgesamt 11 vorbonifatianischen Bischöfen kehrt in allen späteren Redaktionen unverändert wieder, wenn man von unbedeutenden Varianten in der Namensschreibung absieht. Nach oben jedoch wird die Fuldaer Liste schon in der zweiten Redaktionsstufe, welche in einer Berner Handschrift enthalten ist, um vier Namen erweitert. Vor Aureus werden nun als weitere römerzeitliche Bischöfe genannt[185]:

1) Marinus (nicht Martinus)
2) Suffronius
3) Bothadus
4) Riuthardus[186]

Die von O. Holder-Egger nur als erweiterte Fassung der Fuldaer Liste mit 1 a) gezählte Reihe befindet sich am Ende des Codex Bernensis Nr. 378[187], der aus der Feder eines Abtes Rihwinus drei Bücher "Sententiae" des Isidor enthält.

---

[185] Vgl. die Kopie der entsprechenden Stelle aus dem Codex Bernensis auf der folgenden Doppelseite. Die Liste der Mainzer Bischöfe ist ohne Absatz von derselben Hand an eine Liste der römischen Päpste angefügt (vgl. das Kapitel 3.4.1 zu Marinus, S. 69/73).

[186] Soweit eine Trennung der Buchstaben "u" und "i" überhaupt möglich ist, scheint mir der Codex entgegen den Editionen der Bischofsliste im Archiv der Gesellschaft für ältere deutsche Geschichtskunde 5 (1824) 493f.; bei Falk: Literarischer Handweiser 60 (1867) 437, Anm.; ders, Cataloge, im Anhang Catalogus I und bei Holder-Egger (Series: MGH. SS 13,312) die Lesart "Ruithardus" zu bieten; da es sich aber um eine keineswegs sichere Variante handelt, soll hier an der üblich gewordenen Form festgehalten werden.

[187] Von Holder-Egger (Series: MGH. SS 13,309) fälschlich als Nr. 368 angegeben; Duchesne, Fastes 3,155 berücksichtigt den bedeutsamen Codex Bernensis überhaupt nicht.

Codex Bernensis Nr. 378, fol. 86ᵛ

Benedictus	Conomundus	Leo
Pelagius (magnus)	Sergius	Benedictus
Gregorius	Iohannes	Nicolaus
Sabinianus	Iohannes	Adrianus
Bonifatius	Sisinnius	Stephanus
Bonifatius	Constantinus	Formosus
Deusdedit	Gregorius	Stephanus
Bonifatius	Gregorius	Romanus
Honorius	Zacharias	Theodorus
Seuerinus	Stephanus	Iohannes
Iohannes	Paulus	Benedictus
Theodorus	Constantinus	Leo
Martinus	Stephanus	Xpoforus
Eugenius	Adrianus	Sergius
Vitalianus	Leo	Anastasius
Adeodatus	Stephanus	Lando
Donus	Paschale	Iohannes
Agatho	Eugenius	Leo
Leo	Valentinus	Stephanus
Benedictus	Gregorius	Marinus
Iohannes	Sergius	Suffronius

Bothadus
Runhardus
Anprus
Maromus
Sindonus
Sigimundus
Leudegasius
Betilinus
Lanualdus
Ladoaldus
Rugibtus
Gyroldus
Gemuliob

Der Codex Bernensis wurde von F. Falk und O. Holder-Egger bereits ins 10. Jahrhundert datiert[188]. Zumindest die angeschlossene Liste scheint aber eher dem 11. Jahrhundert zu entstammen, worauf F. Staab jüngst hingewiesen hat[189], der die Reihung der Namen dennoch für altertümlicher hält als die sonst seit dem 10. Jahrhundert übliche[190].

Trotz der neuerlich leicht modifizierten Datierung der Handschrift erscheint es in jedem Falle weiterhin richtig, die hier überlieferte und möglicherweise aus einer Quelle des zehnten Jahrhunderts entnommene Bischofsliste früher anzusetzen als die Reihen aus Scheftlarn (Series II) und aus Zwetla (Series III), die ihrerseits auf Vorlagen aus dem 11. Jahrhundert zurückgehen[191]. In diesen und allen späteren Listen sind allem Anschein nach die genannten, erstmals im Codex Bernensis greifbaren Namen übernommen worden. Auffälliger als die zahlreichen Differenzen in der Schreibweise, besonders bei den germanischen Namen Bothadus und Ruthardus, sind mehrfache Abweichungen in der Reihenfolge der zugefügten vier Bischöfe. Die beiden erwähnten Codices Scheftlariensis und Zwetlensis stimmen darin überein, daß sie Sophronius an die erste Stelle setzen.

Eine zweite Erweiterung, die kritisch betrachtet werden muß, erfuhr die Bischofsreihe in der Liste aus Erfurt (Series VI; 12. Jh.), in einem Codex des Britischen

---

[188] F. Falk: Literarischer Handweiser 60 (1867) 437, Anm.; ders., Cataloge 4; Holder-Egger (Series: MGH. SS 13,309); nach Sinner, Catalogus codicum mss. bibl. Bern. 1,490 (Bern 1760) und Archiv der Gesellschaft für ältere deutsche Geschichtskunde 5 (1824) 493f., wo die Liste erstmals veröffentlicht worden ist.

[189] Staab, Episkopat 22f., Anm. 27.

[190] Auch die Handschriftenkonservatorin der Burgerbibliothek Bern M. Stähli, der für die freundliche Hilfe und die Übersendung von Kopien zu danken ist, möchte die Handschrift aufgrund der Schrifteigenarten lieber ins 11. als in die zweite Hälfte des 10. Jh. datieren. Als Hinweise für eine Datierung der Handschrift ins 11. Jh. wertet sie im Schreiben vom 17.5.1995 das unter die Linie gezogene 'r' und den recht verspielten Buchschmuck, vor allem die Initialen; auch im Katalog der datierten Handschriften in der Schweiz in lateinischer Schrift vom Anfang des Mittelalters bis 1550, Bd. 2, Text, bearb. von B.M. von Scarpatetti (Zürich 1983) 194, Nr. 539 wird die Handschrift dem 11. Jh. zugeordnet.

[191] Die den Mainzer Bischöfen im Codex Bernensis vorangehende Reihe der Päpste endet in der Mitte des 10. Jh., in welcher Zeit die ursprüngliche Abfassung liegen wird; zu den Series II u. III vgl. Holder-Egger (Series: MGH. SS 13,309); Falk, Cataloge 4, II. (zu Series III).

Museums (Series VIII; Anf. 13. Jh.) und in einer Mainzer Liste (Series IX; 13./14. Jh.): Ein Crescens wurde an die Spitze der Mainzer Bischöfe gesetzt, den der Codex des Britischen Museums als "*discipulus Pauli*" ausgibt.

3.2. Die Translation von zehn Bischöfen im Jahre 935

Neben den von O. Holder-Egger edierten Listen ist für das Schicksal der frühen Bischöfe eine gut bezeugte Reliquientranslation von besonderem Interesse. Die älteste Quelle, die davon berichtet, ist eine alte, wohl aufgrund des Brandes der St. Albanskirche im Jahre 1552[192] heute verlorene Grabinschrift, die aber Johannes Hebelin von Heymbach um 1500 in St. Alban von Steinen abgeschrieben haben will und in folgendem Wortlaut überliefert hat[193]:

"Seit Bonifatius, der zuerst das Pallium erworben hat,/ (war) dieser Pater Hildebertus der zwölfte Erzbischof./ Er erfuhr, daß die verehrenswerten Gebeine der Patres/ nun in der hochheiligen Basilika St. Hilarius verblieben waren,/ von denen er die zehn in der Reihenfolge ersten (nach anderer Lesart: zehn in der Reihenfolge frühen) hierher überführt hat,/ damit den Würdigen eine ausgezeichnete Stätte die Unterpfänder (der Gottesliebe = die Reliquien)[194] *aufbewahre,/ indem sie die Aufmerksamkeit auf ihre frommen Verdienste und zugleich Taten richtet./ Von hier machte er sie dem Aureus zu Seite an Seite liegenden Mitbrüdern/ und schloß sie*

---

[192] Arens, Kunstdenkmäler 15.

[193] Zur Überlieferung der Inschriften von St. Alban vgl. K. Strecker (Epitaphia Moguntina: MGH. PL 4,1036f.) u. Jaffé, Bibliotheca 3,520; 714, wo aus dem Codex Wirceburgensis (ms. fol. 187) f. 138 die Angabe Hebelins zitiert ist: *"Exstant in ea* (sc. ecclesia S. Albani*) hodie aliqua antiquitatis insignia, e quibus nostris temporibus* (d.i. ca. 1500) *sequentia insculpta lapidibus epigrammata visuntur"*; Gierlich, Grabstätten 161f. vermutet skeptisch, Hebelin habe die Epitaphien - zumindest teilweise - literarischen Quellen entnommen, stellt aber seine Glaubwürdigkeit nicht in Frage.

[194] Für die Beziehung von "dignis" auf die überführten Bischöfe spricht eine sprachlich ähnliche Wendung bei Sigehard von St. Alban, wo ebenfalls zwischen "pignora" und den eigentlichen Personen differenziert wird (Bericht: ActaSS Juni IV,64,13 F): *"Sanctorum Patronorum suorum pignora"*; möglich wäre auch eine Beziehung von "dignis" auf "insignis", d.h. *"ein für Würdige ausgezeichneter Ort"*, wenn nicht sogar mit der ersten Hand des Codex W, durch den Hebelin überliefert ist, *"in signis [...] dignis"*, d.h. *"in würdigen Zeichen"* = *"mit würdiger Ausstattung"*, zu lesen ist.

zusammen in diesem leicht berührten (= sofort angrenzenden) Grabhügel./ Man liest 935 Jahre Christi;/ daß ich den 14. Tag hinzufüge, will der März"[195].

Nach der Inschrift, die als authentisch gelten darf[196], sind also am 14. März 935[197] unter Erzbischof Hildebert (927/37) die Gebeine zehn früher Bischöfe aus St. Hilarius zu einem Ort überführt worden, wo bereits der Märtyrerbischof Aureus bestattet war (als *"fratres Aureo collaterales"*). Das Ziel der Translation wird zwar nicht ausdrücklich angegeben, geht aber aus dem Fundort in St. Alban recht klar hervor, wo sich - spätestens seit einer zweifelhaften Überführung im Jahre 805 - die Gräber des Aureus und seiner Schwester Justina bereits befanden[198]. Die Namen der zehn 935 überführten Bischöfe werden in der Inschrift leider nicht genannt.

Etwa 200 Jahre später berichtet der Mönch Goswin d. J. von St. Alban über die von Wundern begleitete Auffindung der Gebeine des Aureus und seiner Schwester Ju-

---

[195] Mainzer Grabinschriften Nr. 71 (MGH. PL 5,319,II; Böhmer/Will [Bearb.], Regesten 1,99):
"A Bonifacio meruit qui pallia primo
Is pater Hildbertus archipresul duodenus
Comperiens ossa patrum veneranda relicta
Intra basilicam nunc Hilarii sacrosanctam,
E quibus huc denos transvexit in ordine primos (oder: priscos)
Ut locus insignis conservet pignora dignis,
Attendens merita, simul ipsorum pia gesta.
Hinc ut confratres Aureo collaterales
Efficit <ac> tumulo stricto conclusit in isto.
Christi nongentos, X ter, semel V legis annos;
ut decimam quartam lucem, vult Martius, addam".
Ohne dieses inschriftliche Zeugnis zu berücksichtigen, wird die Translation früher Mainzer Bischöfe von St. Hilarius nach St. Alban am 14.3.935 von Falk, Älteste Zeit 56 als Konstruktion der Albaniter Mönche bestritten; gegen seine Annahme, sämtliche Bischöfe hätten sich schon vorher in St. Alban befunden, stellt Ewig, Bischofsgräber 172 mit Recht die Frage, warum dort eine recht späte Translation hätte fingiert werden sollen, die dem Ruhm der Kirche doch nur schaden konnte.

[196] Der Herausgeber der Inschrift K. Strecker (Mainzer Grabinschriften: MGH. PL 5,319, Anm. zu Nr. 71) folgert aus ihren einsilbigen Reimen eine Entstehung zur Zeit der Überführung.

[197] Der 14.3.935 ist der Samstag vor dem Passionssonntag; Grotefend 158.

stina, deren Bestattungsort man vergessen hatte[199]. Bei der Erneuerung des alten Fußbodens wurden am 11. Mai 1137[200] "*in Beschaffenheit und Größe ungleiche Gräber (loculi [...] impares) gefunden, in denen sich Körper befunden hätten, die teils pulverförmig, teils noch bluttriefend, teils als Vorzeichen der Auferstehung weiß gewesen seien"*[201]. Unter diesen offensichtlich die Gebeine von Heiligen enthaltenden Särgen identifizierte man auf nicht näher beschriebene Weise diejenigen des Aureus und der Justina, wie aus dem der Schrift Goswins vorangestellten Widmungsbrief des Abtes Wernher von St. Alban expressis verbis hervorgeht[202].

---

[198] Daß es sich wohl lediglich um eine Umbettung innerhalb von St. Alban gehandelt haben kann, zeigen die Ausführungen auf S. 90/5.

[199] Goswin, Inventio: ActaSS Juni IV,48/61; vgl. zum Folgenden auch Gierlich, Grabstätten 146/8.
Die Schrift wird von Sigehard im Jahre 1298 (Bericht: ActaSS Juni IV,63,8 F) Goswin zugeschrieben, der von dem bekannten Gozwin von Lüttich, dem Mainzer Domscholaster und Verfasser der Passio s. Albani (1060/2), zu unterscheiden ist (vgl. zu diesem Anm. 221). Die in BHL 825 entsprechend vorgenommene Angabe Goswins als Autor wird von Staab, Mainzer Kirche 37, Anm. 24 zurückgewiesen; hier soll zur Einfachheit die "traditionelle" Zuweisung der Schrift beibehalten werden und ggf. mittels der Zusätze d.Ä. bzw. d.J. zwischen beiden differenziert werden; aus demselben Grunde soll auch an Sigehard als Autor der schon mehrfach erwähnten Schrift festgehalten werden, obwohl in der Handschrift nur die Abkürzung S. auftaucht und die Zuweisung erst 1604 von Serarius 171 im Anschluß an den historisch unzuverlässigen Trithemius vorgenommen worden ist; vgl. D. Papebrochius: ActaSS Juni IV,39,11; Staab, Mainzer Kirche 37, Anm. 24.

[200] D. Papebrochius (ActaSS Juni IV,50; 52 F, Anm. a) löst "quinto Idus Maji" unverständlicherweise als "3 Maji" auf.

[201] Goswin, Inventio: ActaSS Juni IV,50,1 (teils wörtlich rezipiert von Sigehard, Bericht: ebd. 63,8 D/E):
"*Anno Dominicae Incarnationis millesimo centesimo tricesimo septimo, Indictione quinta decima, quinto Idus Maji, cum in ecclesia S. Albani Martyris **pavimenta vetustate attrita**, quorundam fidelium renovarentur impensa: **inventi sunt loculi, tam quantitate quam qualitate impares: et in eis corpora**, quorum pars quaedam in pulverem redacta fuerat, quaedam ebore antiquo rubicundior sanguine adhuc madida, tamquam in praesentiarum (richtig wohl: praesentiam) passi fuissent, apparebat: quaedam vero candens ut lilium futurae resurrectionis gloriam praeferebat*".

[202] Wernher (als Abt belegt 1130-1145; Mainzer Urkundenbuch 2,1,3, Anm. 2) schildert die Auffindung mit weitgehend denselben Worten wie Goswin, fügt aber zum Zwecke größerer Deutlichkeit hinzu:
"*Corpora videlicet sanctorum Martyrum Aurei et Justinae, quorum quaedam pars in pulverem redacta, [...]*" (Goswin, Inventio, Epistola dedicatoria des Abtes Wernher: ActaSS Juni IV,48 E).

Goswin unterstreicht seine Glaubwürdigkeit, indem er behauptet, nur Vorgänge wiederzugeben, die er entweder *"mit eigenen Augen gesehen oder aus dem sicheren Bericht großer Persönlichkeiten erfahren"* habe[203]. Da sich der Mönch von St. Alban somit als Zeitzeugen der Inventio ausgibt, ist es um so verwunderlicher, daß er keine genaueren Ausführungen macht zu Beschaffenheit, Lage und Anzahl der Gräber. Auch über das Vorhandensein von Epitaphien weiß er nichts zu berichten[204].

Die Widmung gilt dem *"venerando in Christo Patri Adalberto, sanctae Moguntinae Sedis Legato"* (ebd. 48), was eine recht genaue Datierung ermöglicht: Es dürfte sich um Adalbert I. handeln, der im Gegensatz zu seinem Nachfolger Adalbert II. (gest. 1141) den Legatentitel trug und nach der überwiegenden Zahl der Quellen am 23.6.1137 verstorben ist (Belege bei Gierlich, Grabstätten 175 m. Anm. 128). Als Abfassungszeit des Widmungsbriefes kommt damit lediglich die Zeitspanne zwischen der nach Goswin (Inventio: ActaSS Juni IV,50,1 B) am 11.5.1137 erfolgten Auffindung der Körper bzw. den im Anschluß daran geschehenen Wundern (*"mox secuta, et quae quotidie adhuc ibi fiunt, miracula"*; Goswin, Inventio, Epistola dedicatoria des Abtes Wernher: ActaSS Juni IV,48 F) und dem 23.6. 1137 in Betracht. Goswin wird zur selben Zeit wie der Abt Wernher geschrieben haben, was durch seine eigene Angabe im Prolog: *"ad hoc (sc. libellum scribendum) dat [...] fiduciam, [...] Ecclesiae nostrae Patris **Wernheri et [...] Major domus Praepositi Henrici** (d.i.* der von 1128-1142 belegte Dompropst Heinrich; Mainzer Urkundenbuch 2,1,3, Anm. 4) *[...] frequens et devota supplicatio"* (ActaSS Juni IV,49 A) sowie durch Sigehard: *"**libellum Goswini monachi, ad Adalbertum sanctae Moguntinae Sedis Archiepiscopum** [...] editum"* (Sigehard, Bericht: ebd. 63,8 E) eine Bestätigung erfährt. Der Terminus post quem ist bei ihm jedoch noch etwas zu konkretisieren, da in seinem Werk von Wundern nach der Inventio teilweise mit Angabe des Datums berichtet wird: *"proxima die Dominica"* (= am 16.5.1137; Goswin, Inventio: ActaSS Juni IV,50,5 E; 6 F); *"feria quarta post praedictam Dominicam"* (= am 20.5.1137; ebd. 51,7 A); *"nunc in die sui (sc. spiritus sancti) adventus, id est Pentecostes"* (= am 30.5.1137; ebd. 51,12 E; vgl. Grotefend 184); die Richtigkeit der Angaben vorausgesetzt, ist die Abfassungszeit somit genau auf den Juni 1137 einzugrenzen.

[203] Goswin, Inventio: ActaSS Juni IV,50,1 C:

"Nec alia quidem, quam quae oculis vidimus, et magnarum personarum certa relatione didicimus".

Die Authentizität des Berichtes wird gestützt durch einen Hinweis auf die Auffindung und die Wunder des Jahres 1137 in einer Urkunde von 1138, in der Adalbert II. dem Gesuch des Abtes Wernher von St. Alban um Bestätigung der dem Kloster von Karl dem Großen und Erzbischof Richulf verliehenen Immunität stattgibt. Wernher trug sein Anliegen vor *"tempore visitacionis domini, cum in beati Albani ecclesia per suffragia beate Iustine virginis et martyris eiusque fratris Aurei episcopi divina se misericordia omni petenti offerret homini"* (Mainzer Urkundenbuch 2,1,2f., Nr. 3); vgl. Gierlich, Grabstätten 151, Anm. 34.

[204] Vgl. die Anmerkung von D. Papebrochius zur Stelle (ActaSS Juni IV, 52, Anm. a).

Es findet sich jedoch die Schilderung eines der Inventio vorausgehenden Wunderzeichens bei der Meßfeier am Palmsonntag desselben Jahres, d.i. dem 4. April 1137[205]. Wie Goswin aus zuverlässiger anderer Quelle erfahren habe, sei eine "nicht sehr kleine Menge" der Bürgerschaft offensichtlich in der St. Alban-Basilika versammelt gewesen:
"Als die Feierlichkeiten eines so großen Tages begangen wurden und ein jeder an seinem Platz ehrfürchtig zu verharren schien, da bestieg einer aus dem Volk ein **Grab von Bischöfen** *("sepulcrum episcoporum"), die ebendort bestattet sind".*
Als er sich dort unwissentlich auf das Grab der Justina setzte, wurde er mit einem wundersamen Geräusch (*"miro sonitu"*) zu Boden geschleudert[206]. *"Danach wuchs die Verehrung"*, heißt es bei Goswin lapidar, der auch hier kaum weitere Informationen zu den Gräbern selbst geben kann.
Von großer Bedeutung ist aber, daß die "loculi impares" ausdrücklich 'Bischöfen' zugeordnet werden, in deren Nähe sich offenbar auch das Grab der Märtyrerin Justina und damit auch das ihres Bruders, des hl. Bischofs Aureus, befanden. Anscheinend erlangte man im zwölften Jahrhundert somit die Kenntnis von der genauen Lage der drei sich nebeneinander befindenden Grabstätten des Aureus, der Justina und der zehn Bischöfe wieder.

Näheres zu dem "sepulcrum episcoporum" berichtet erst Sigehard von St. Alban anläßlich der Erhebung der Gebeine von Aureus und Justina im Jahre 1297[207]. Er verarbeitet in weiten Teilen die Schilderung der Inventio und der Wunder durch Goswin, nimmt aber an einigen Stellen Ergänzungen aus anderer Quelle vor. So schafft er die eindeutige Verbindung zwischen dem Bischofsgrab und der von ihm

---

[205] Nach Grotefend 184.

[206] Goswin, Inventio: ActaSS Juni IV,50,2 C:
"Erat dies solemnis, qui dicitur Palmarum, et ad commune gaudium tantae sollennitatis, ex more solito non minima multitudo civitatis convenerat. Cumque tantae diei solennia agerentur, et suis quique locis reverentissime contenti viderentur, quidam ex populo sepulcrum episcoporum, qui ibidem sepulti sunt, conscendit; et dimissis pedibus super sepulcrum Virginis et Martyris laetabundus consedit. Et ecce subito humi prostratus, cum sonitu miro corruit in faciem; clare demonstrans, quod talem non merebatur sedem [...]".

[207] Sigehard, Bericht: ActaSS Juni IV,61/6; als Abfassungszeit gibt D. Papebrochius (ebd. 31,11 B) nach Serarius "um 1298" an, wohl weil Sigehard selbst sich als Zeitzeugen der Erhebung zu erkennen gibt (ebd. 64,13 F: *"nostris temporibus [...] actum"*).

aufgegriffenen Translation des Jahres 935[208]. Es liegt nahe, daß er dabei die zu seiner Zeit möglicherweise noch in St. Alban angebrachte oder ihm in einer Abschrift zugängliche Inschrift über die Translation vor Augen hatte, wobei er noch einige zusätzliche Einzelheiten anführen kann: Als Bestimmungsort wird nun explizit das Kloster St. Alban angegeben und damit die Vermutung bestätigt. Wesentlich ist aber, daß Sigehard, über die Inschrift hinausgehend, die Namen der überführten Bischöfe genau angeben kann:

Crescentius
Martinus
Bodadus
Suffronius
Maximus
Sydonius
Sigemundus
Lentgasius
Lantwaldus
Laboaldus[209].

Auch die Umstände werden von Sigehard in folgender Weise näher beschrieben: Mit einer feierlichen Prozession von Klerus und Stadtbevölkerung wurden die Reli-

---

[208] Die Auffindung von 1137 ist in der Version Sigehards (Bericht: ActaSS Juni IV,63,8 D/E) ergänzt um den Zusatz: "*Inter hos siquidem loculos sanctorum Aurei et Justinae Virginis sororis eius corpora, **ad sepulcrum decem Episcoporum**, quos memorabilem Hildebertum Archiepiscopum paulo superius memini ad Esslesiam S. Albani transtulisse, cum gaudio sunt reperta*"; das Wunder am Palmsonntag schildert Sigehard: ebd. 63,9 F / 64,9 A, wobei das "*sepulcrum episcoporum*" des Goswin näher als "**supradictum decem Episcoporum** *sanctorumque Aurei et Justinae sepulcrum*" bezeichnet wird.

[209] Sigehard, Bericht: ActaSS Juni IV,63,6 A/B:
"*[...] exactis autem post hanc secundam inhumationem Sanctorum annis centum triginta, qui fuit incarnationis Domini annus nongentesimus tricesimus quintus [...] Hildebertus [...] Reliquias sive ossa decem Episcoporum, qui ante tempora sanctissimi Bonifacii Moguntinam rexerunt ecclesiam, videlicet **Crescentii, Martini, Bodadi, Suffronii, Maximi, Sydonii, Sigemundi, Lentgasii, Lantwaldi, et Laboaldi**, de Capella S. Hilarii, [...] ubi iidem Episcopi fuerant sepulti primitus, ad monasterium S. Albani transtulit*".

quien von St. Hilarius überführt[210]. Ihren Ruheort fanden diese "*vor dem Altar der Apostel (auch Altar des hl. Vinzenz genannt, da dessen Körper dort damals aufbewahrt wurde) im Behältnis eines einzigen Sarges*"[211]. Nach Gozwin d. Ä. befand sich der Apostelaltar im nördlichen Teil ("*in aquilonari vestibulo*"), d.h. im nördlichen Querschiff der Kirche[212]. Dort wurden die Bischöfe in einem gemeinsamen Grab unmittelbar neben den zwei getrennt eingerichteten Grabstätten der offenbar schon lange verehrten Heiligen Aureus und Justina beigesetzt (*"absque intermedio"*) und mit einem doppelten Fußboden überdeckt[213]. Nachdem im Jahre 1137, als man die Lage der Gräber nicht mehr kannte, die "loculi impares" dieser Heiligen und Märtyrer wiedergefunden worden waren, stellte man an diesem Ort nach dem Bericht des Sigehard drei aneinander angrenzende "memoriae" auf, welche die Form viereckiger, leicht erhobener Aufbauten aus Marmor hatten. Spuren dieser Hochgräber, von deren Anbringung Goswin merkwürdigerweise nichts berichtet, waren zur Zeit Sigehards noch sichtbar[214].

Die sich ergebende Frage, wie man die Gebeine, deren Bestattungsort man im Laufe der Zeit zwischen 935 und 1137 vergessen hatte, identifizieren und trennen konnte, beantwortet Sigehard genauso wenig wie Goswin. Das Vorhandensein von Inschriften über den Gräbern darf jedenfalls bezweifelt werden, da über eine derart wichtige Information eine Nachricht zu erwarten wäre und die Körper bei der Erneuerung des abgenutzten Fußbodens eher zufällig aufgefunden wurden[215]. Bei der

---

[210] Ebd. 63,6 B: "*comitante Clero ac populo civitatis, cum processione solemni*".

[211] Ebd. 63,6 B: "*ipsasque Reliquias ante altare Apostolorum, (quod etiam S. Vincentii, propter eius sanctissimum corpus, in eodem altari tunc reconditum, vocant) in unius sarcophagi receptaculo collocavit*".

[212] Vgl. S. 46 m. Anm. 170.

[213] Sigehard, Bericht: ActaSS IV,63,7 B:
"**Adjunctis** *etiam tumbae sive sarcophago, in quo reverendus Archipontifex Hildebertus decem Episcoporum ossa translata reposuerat,* ***absque intermedio duobus aliis loculis decentibus et honestis****, in singulis singula beatorum Aurei et Justinae corpora reverendissime collocavit*".

[214] Ebd. 63,7 B:
"*In quo loco, post sanctorum inventionem, tres solennes extructae sunt memoriae: quae forma tetragona contiguae, imo continuae, marmoreo tabulato, a terra paululum surgere videntur; quarum adhuc vestigia restant*".

[215] Zumindest oberirdisch kann kein sichtbarer Hinweis - weder die von Hebelin überlieferte Inschrift über die Translation noch eine andere mit den Namen der Bischöfe - vor-

1137 vorgenommenen Neubestimmung der Gräber des Aureus, der Justina und der Bischöfe kann daher natürlich ein Irrtum nicht ausgeschlossen werden[216]. Nach der teilweise wörtlichen Übernahme des von Goswin d. J. angefertigten Berichtes über die Auffindung im Jahre 1137 und die damit verbundenen Wunder berichtet Sigehard von einem weiteren die Bischofsreliquien betreffenden Ereignis, das den Anlaß zur Abfassung seiner Schrift gegeben haben dürfte: Im Jahre 1297, zu seiner eigenen Zeit ("*nostris temporibus*"), beschreibt er den Zustand der St. Albanskirche im betreffenden Teil (d.h. dem nördlichen Seitenschiff) als infolge des Alters so angegriffen, daß die Mönche sich entschlossen hätten, die Reliquien zu erheben und würdigeren Grabstätten anzuvertrauen[217]. Die Mainzer (Dom-) Kleriker ("*canonici*") traten zu diesem Zweck zusammen und zogen mit einer feierlichen Prozession zum Kloster St. Alban, öffneten "*cum summa reverentia et devotione*" die Gräber und überführten die Reliquien zum Hauptaltar der Klosterkirche[218].

Konkretere Informationen zu den 1297 überführten Gebeinen, insbesondere zu denen der seit dem Jahre 935 dort ruhenden Bischöfe lassen sich dem Erhebungsbericht Sigehards nicht entnehmen, der in diesem Zusammenhang ohne Differenzierung nur allgemein von Märtyrerreliquien spricht. Namentlich erwähnt wird unter

---

      handen gewesen sein, da ein so bezeichneter Ort kaum einer Inventio bedurft hätte. Dasselbe trifft auch für Aureus und Justina zu.

[216] Neeb, Baugeschichte 82 hält für möglich, daß die Mönche 1137 "vornehme Gräber aus der Merowinger- oder Karolinger-Zeit" gefunden haben; gerade das Auffinden der Justina ist zweifelhaft, da Aureus nach älterer Tradition zusammen mit einem Justinus verehrt wurde und es eine Justina vielleicht nie gegeben hat; vgl. S. 81/4.

[217] Sigehard, Bericht: ActaSS IV, 64,13 F:

"*destructa jam sine spe potioris restaurationis, propter nimiam sui vetustatem, ecclesia S. Albani, in ea parte, in qua pretiosae Sanctorum Reliquiae servabantur, [...] cogitaverunt Fratres, **Sanctorum Patronorum suorum pignora** typo devotionis **de terra levare; et magis decentibus, Sanctitatique eorum magis congruis loculis conservanda mandare.***"

[218] Ebd. 65,13 A:

"*(Canonici Reliquias) cum magno timore et gaudio [...] **ad principale altare monasterii S. Albani**, cum hymnis et laudum carminibus, transtulerunt*".

Nach Selzer, St. Alban: Führer 153f. könnte sich der besagte Hauptaltar im 1297 schon fertiggestellten Chor eines etwa 1280 begonnenen, aber nur ansatzweise verwirklichten gotischen Neubaus befunden haben; vgl. zur gotischen Erweiterung der Kirche Neeb, Baugeschichte 82/5.

diesen lediglich die Jungfrau Justina[219], die wahrscheinlich - wie auch Aureus - durch die 1137 über ihrem separierten Einzelgrab errichtete und 1297 noch teilweise erhaltene 'memoria' identifiziert werden konnte.
Für die Thematik der frühen Mainzer Bischöfe erscheint der Bericht des Sigehard vor allem deshalb als sehr bedeutende Quelle, weil er die Namen der 935 überführten Bischöfe enthält. Entscheidend für den Wert der Liste ist jedoch die Frage, ob Sigehard, der ja erst um das Jahr 1298 schrieb, auf Grabinschriften oder eine alte Quelle zurückgreifen konnte. Wenn sich auf den Sarkophagen möglicherweise bis zur Auffindung verschüttete Epitaphien oder andere Hinweise befunden hätten, wären wohl einerseits schon Goswin 1137 und andererseits Sigehard selbst kaum wortlos darüber hinweggegangen. In der Tat soll Sigehards Bericht nach E. Ewig[220] aber auf eine ältere Quelle zurückgehen, und zwar auf den Mainzer Domscholaster Gozwin d. Ä., der 1060/2 die Passio sancti Albani verfaßt hat[221].
In dieser Albansvita, die zwar auch - vielleicht im Zuge einer Legendenharmonisierung - die Mainzer Aureus-Überlieferung zu integrieren suchte (Kap. 25; 28; 35)[222] und in einigen Passagen fraglos von Sigehard rezipiert wurde[223], wird allerdings

---

[219] Von ihren Gebeinen erhielten die Kanoniker der Martinskathedrale einen Arm als Reliquiengeschenk (ebd. 65,13 A/B).

[220] Ewig, Bischofsgräber 171 (nach einem Hinweis von L. Falck).

[221] Gozwin, Passio s. Albani (BHL 200; Basnage 157/66; die beiden Prologe und Auszüge von O. Holder-Egger herausgegeben in: MGH. SS 15,2,984/90; Staab, Mainzer Kirche 54; 69/77 hat kürzlich zwei beschädigte Doppelblätter aus dem späten 11. Jh. aufgefunden und danach die ersten Kapitel des Werkes ediert); bei Basnage 153 ist fälschlich noch Sigehard von St. Alban als Autor angegeben; zu Gozwin d.Ä., der aus Lüttich als Schulmeister am Dom nach Mainz gekommen ist, vgl. Holder-Egger, Gozwin 9/21 und F.J. Worstbrock, Gozwin von Mainz: Die deutsche Literatur des Mittelalters. Verfasserlexikon, 3. Bd. (Berlin/New York 1981) 205/7; zur Abhängigkeit Sigehards von diesem vgl. auch Heinemeyer 9, Anm. 9. und Staab, Mainzer Kirche 37, Anm. 24.

[222] Den Hunneneinfall unter Attila, dem nach der Legende Aureus zum Opfer fiel (Kap. 25: Basnage 163 u. Kap. 28; S. 164), deutet Gozwin als von Gott gebilligten ("*divino permissu*", Kap. 25; S. 163) Racheakt für die häretische Verderbtheit der Mainzer Christentums und im speziellen für die (frühere) Ermordung des Alban: Als "*divinae animadversionis flagellum*" (Kap. 26; S. 163) habe Attila eine Verfolgung "*in ultionem huius sceleris et haereticae pravitatis*" durchgeführt (Kap. 35; S. 165).

[223] Staab, Mainzer Kirche 67; 37, Anm. 24 weist die Kapitel 24-27 (Exkurs über die Geschichte von Mainz; S. 163f.) und 36-38 (zur Albansbasilika Richulfs und Lob der Stadt; S. 165f.) der Passio s. Albani (auch enthalten in den von O. Holder-Egger edierten Auszügen der Passio; MGH. SS 15,2,988/90) als Vorlage für Sigehard aus.

über die Translation nichts mitgeteilt[224]. Als Vorlage im Zusammenhang mit dem Bischofsgrab hat - worauf schon hingewiesen wurde - in Teilen der jüngere Namensvetter Goswin d. J. gedient, auf den sich Sigehard an späterer Stelle auch ausdrücklich bezieht[225]. Dessen "libellum", das schon aufgrund seines geringen Alters keine Sigehard wesentlich übertreffende Autorität darstellen könnte, berichtet jedoch, wie dargestellt, weder von der Translation noch werden die Namen der aufgefundenen Bischöfe angegeben.

Aus welchen anderen Quellen Sigehard in seinem Bericht über die Translation geschöpft hat, muß also offen bleiben. Es ist nicht unwahrscheinlich, daß er sich in einigen Punkten auf seine Kombinationsgabe gestützt und insbesondere die Translationsliste nach seinem eigenen damaligen Wissen erstellt hat. Sie kann dann nicht - wie E. Ewig meint[226] - Grundlage der Erweiterung der Listen um die vier Bischöfe vor Aureus sein. Dagegen spricht vor allem die bei Sigehard zu beobachtende Aufnahme des Crescens, die fraglos erst einer späteren Traditionsstufe angehört und unmöglich auf die Zeit der Translation selbst zurückgehen kann. Das Fehlen der in den Listen genannten Bischöfe Ruthardus und Petilinus erklärt sich leicht aus der Absicht Sigehards, die Zehnzahl der Inschrift zu bewahren[227].
Vielmehr liegt also ein umgekehrtes Abhängigkeitsverhältnis nahe: Sigehard dürfte die Namen einer zeitgenössischen Bischofsliste entnommen haben. Auffällige Ähnlichkeit weist seine Reihe z.B. mit derjenigen auf, die im Codex des Britischen Museums (VIII) aus dem Ende des 13. Jahrhunderts erhalten ist[228]. Abweichungen weist die Version Sigehards nur in den beiden soeben begründeten Auslassungen und in der Änderung von Marinus zu Martinus auf.

Im folgenden soll nun überprüft werden, wieweit die Angaben der Listen aus anderen Nachrichten eine Bestätigung finden und die Namen historisch fixierbar sind. Welche Ereignisse der Mainzer Geschichte können herangezogen werden, um einzelnen Bischöfen historisches Profil zu verleihen, und lassen sich gegebenenfalls

---

[224] Darauf weist schon Heinemeyer, Erzbistum 9, Anm. 9 hin.
[225] Bei der Schilderung der Inventio (vgl. S. 56ff.); Sigehard, Bericht: ActaSS Juni IV,63,8.
[226] Ewig, Bischofsgräber 176f.; vgl. dagegen Heinemeyer, Erzbistum 10 m. Anm. 15; Gierlich, Grabstätten 148 m. Anm. 22.
[227] Vgl. zu Crescens Kap. 3.3., zu Ruthardus Kap. 3.4.3.2., zu Petilinus Kap. 3.5.6.
[228] Gierlich, Grabstätten 147f., Anm. 22.

umgekehrt, wenn auch keine Beweise, so doch plausible Erklärungen für die fälschliche Aufnahme einiger Namen erbringen?

3.3. Die Erweiterung der Bischofsreihe um Crescens

Ein Mainzer Bischof Crescens / Crescentius hat erst spät Aufnahme in die Bischofslisten gefunden. Erstmals taucht Crescens an der Spitze der vorbonifatianischen Bischöfe in einer Reihe auf, die in einem etwa im Jahre 1137 verfaßten Codex des Klosters St. Peter in Erfurt überliefert ist, der die aus den Annalen Lamberts von Hersfeld erweiterte Chronik des Ekkehard von Aura umfaßt[229]. Auf diese Series Erphordiensis (Series VI) geht höchstwahrscheinlich die Nennung des Crescens in der Series Moguntina (Series IX) zurück, die in einer ersten Stufe während der Amtszeit des Erzbischofs Wernher (1259/84) aufgezeichnet wurde. Beide Listen stimmen nämlich bis auf unbedeutende Abweichungen in der Namensschreibweise genau überein - insbesondere auch in der häufig differierenden Reihenfolge der ersten Bischöfe. Daneben beginnt die auf der letzten Seite eines Codex Musei Britannici erhaltene Reihe (Series VIII), die dem Anfang des 13. Jahrhunderts entstammt, mit *"Sanctus Crescentius episcopus primus"*. Der von derselben Hand auf dem Rand vermerkte Zusatz *"discipulus Pauli"* schafft endgültige Klarheit über die sicherlich auch schon in der Erfurter Liste von 1137 anzunehmende Identität des Crescens. Man sah in ihm einen Schüler des Paulus, der am Ende des ersten Jahrhunderts nach Mainz gekommen sei. Schließlich wird "Crescentius" auch im Translationsbericht des Sigehard unter den von St. Hilarius überführten Bischöfen als erster genannt[230].

Darüber hinaus finden sich einige genauere Informationen zu Crescens in der Vita des Mainzer Bischofs Maximus, die Trithemius im Jahre 1516 verfaßt hat. In der dort eingefügten Bischofsliste[231], welche wie die gesamte Vita auf eine Schrift des

---

[229] Ekkehard von Aura, Chronicon adauctum zum Jahr 742 (MGH. SS 3,35, Anm. b, zur Datierung u. den Autoren vgl. ebd. 21; Tusculum-Lexikon 216; 460; von O. Holder-Egger ist die Bischofsreihe als Series VI ediert (Series: MGH. SS 13, 310; 312).

[230] Sigehard, Bericht: ActaSS Juni IV,63,6 A.

[231] Trithemius bietet zwei Versionen, zum einen eine offensichtlich an Sigehard angelehnte Liste der 10 im Jahre 935 überführten Bischöfe, zum anderen eine erweiterte Liste von insgesamt 40 vorbonifatianischen Bischöfen, in der auch die jeweiligen Amtsjahre vermerkt sind; abgedruckt von Brack, Geschichte 1,453f., Falk, Cataloge 7f.; 11 mit der

angeblichen Fuldaer Mönches Meginfrid aus dem zehnten Jahrhundert zurückgehen soll[232], erscheint Crescens an erster Stelle. Von ihm kann Trithemius genau angeben, daß er im Jahre 80 mit der 22. Legion nach Mainz gekommen sei und 22 Jahre lang das Bischofsamt bekleidet habe. Daß die Quelle Meginfrid aber als reine Fiktion des Trithemius zu gelten hat, ist seit langem unzweifelhaft nachgewiesen[233]. Die auf ihr fußenden Nachrichten über Crescens - und ebenso über seine angeblichen Nachfolger, deren genaue Amtszeit bis zum Jahre 477 jeweils vermerkt wird,- sind damit historisch völlig wertlos, da sie offenbar Spekulationen des 16. Jahrhunderts entstammen, und brauchen hier nicht weiter verfolgt zu werden[234].

Die früheste Nachricht von einem Crescens in Mainz begegnet außerhalb der verschiedenen Bischofslisten: Rupert von Deutz schreibt im Jahre 1111 zur Begründung des erzbistümlichen Ranges von Trier, Mainz und Köln:

"Zur Trierer Kirche aber ist Maternus vom seligen Apostel Petrus gesandt worden und hinterließ das Erbe des Palliums seinen Nachfolgern. **In Mainz predigte Crescens, der Schüler des Apostels Paulus.** *[...]*
Aber den Primat hatte die Metropole Köln inne, hauptsächlich aus dem Grunde, weil der oben genannte Crescens auch nach Köln als erster den apostolischen Besuch des Wortes Gottes (apostolicam verbi Dei visitationem) gebracht hat[235]".

Beilage Nr. IX. bzw. X u. Böhmer, Fontes rerum Germanicarum, 3. Bd. (Stuttgart 1853 = Aalen 1969) 137; XXXII.

[232] Die gesamte Vita ist ediert bei L. Surius, De probatis sanctorum Vitis (Köln 1581), Tom. 6,407/14, Nov. 18 (die Listen auf S. 413 bzw. 408) u. bei Latomus, Catalogus 421/4; vgl. auch Ledroit, Christentum 31; Levison, Anfänge 12, Anm. 6.

[233] Vgl. etwa Friedrich, Kirchengeschichte 1,312; Silbernagl, Trithemius 201/3; Falk, Cataloge 11; Allgemeine deutsche Biographie (Leipzig 1894) 38,629; Arnold, Trithemius 157/9.

[234] Bestätigt wird diese Einschätzung durch Hrabanus Maurus, Carm. 56 (MGH. PL 2,220), der schon im 9. Jh. bemerkt, daß die Amtsjahre der vorbonifatianischen Bischöfe, die nach dem Hunnensturm des 5. Jh. lebten, nicht mehr bekannt seien; dies dürfte natürlich umso mehr für die noch früheren Kirchenleiter zutreffen:
"Pontifices isti hanc sedem rite tenebant,
postquam hunc Hunni diripuere locum.
*Sed **numerum annorum certum**, quo quisque regebat*
*ecclesiam, **nusquam reperire haud potui".***
Es wirkt natürlich höchst unglaubwürdig, wenn Trithemius im 16. Jh. die Amtsjahre zu kennen vorgibt; vgl. Falk, Älteste Zeit 56; ders., Cataloge 11.

[235] Rupert von Deutz, De divinis officiis 1,27 (CCM 7,23,602/8):

Wie Maternus vom Apostel Petrus nach Trier ausgesandt worden sei, habe Crescens demnach als Schüler des Paulus nicht nur in Mainz, sondern "primus" auch in Köln mit apostolischer Autorität gepredigt, worauf die Vorrangstellung dieser Stadt zurückgehe.

Während die Verbindung zu Köln singulär ist, hat die Mainzer Tradition seit dem zwölften Jahrhundert das Wirken des Paulusschülers Crescens in Mainz aufgenommen. Wann die Legende, die Rupert zu seiner Zeit sicherlich schon vorgefunden hat, ursprünglich entstanden ist, kann nicht mehr genau bestimmt werden, die Beweggründe und Umstände ihrer Entstehung vielleicht im elften Jahrhundert liegen jedoch auf der Hand: Die Mainzer Kirche wollte ihren Ursprung als apostolische Gründung in das erste Jahrhundert zurückführen, um größere Ehrwürdigkeit und damit verbundene Rechte beanspruchen zu können. In ähnlicher Weise ist dies von schließlich mehr als 30 gallischen Bistümern versucht worden[236]. Die Möglichkeit, den Paulusschüler Crescens für sich in Anspruch zu nehmen, beruht auf einem falschen Verständnis der Stelle 2 Tim 4,10, nach der Paulus von seinem Mitarbeiter Crescens sagt, er sei "nach Galatien" in Kleinasien aufgebrochen. Da das griechische "εἰς Γαλατίαν" sprachlich nicht eindeutig ist und ebenso als "nach Gallien" verstanden werden kann[237], ist schon von frühen Textzeugen "εἰς Γαλλίαν" konjiziert worden[238], insbesondere die Vulgata folgt in einigen

---

"Trevirensi autem ecclesiae Maternus a beato Petro apostolo missus hereditatem pallii suis successoribus dereliquit.
*Moguntiae **Crescens apostoli Pauli discipulus** praedicavit [...].*
*Sed primatum Colonia metropolis obtinuit ea maxime causa, quia **Crescens** praedictus Coloniae quoque apostolicam verbi Dei visitationem primus intulit";*
Levison, Anfänge 12.

[236] Levison, Anfänge 11; vgl. zum Folgenden D. Papebrochius: ActaSS Juni VII,223f.; Brack, Geschichte 1,447; Neuss, Anfänge 15; Ewig, Bischofsgräber 173f.; 176; Brühl, Palatium 102; Dassmann, Spuren 276.

[237] Entsprechende Belegstellen seit Polybios bietet ThlG III,498 D s.v. Γαλάται.

[238] Vor allem der Codex Sinaiticus ℵ (saec. IV; nach K. u. B. Aland, Der Text des Neuen Testaments (Stuttgart 1982) 117 Kategorie I); Codex Ephraemi Syri rescriptus C (saec. V, nach ebd. 118 Kategorie II); vgl. den kritischen Apparat zur Stelle bei Nestle-Aland, Novum Testamentum Graece (Stuttgart ^{26}1979); bereits Eusebius, Kirchengeschichte 3,4,8 (GCS Eus. 2,1,194,4/6) glaubt, Crescens sei von Paulus "ἐπὶ τὰς Γαλλίας" geschickt worden; entsprechend bietet auch die im Westen vielbeachtete Übersetzung Rufins "ad Gallias" (ebd. 195,5f.); Dassmann, Spuren 276 m. Anm. 40.

Handschriften der aufgrund des Kontextes ganz offensichtlich falschen Variante und übersetzt "in Galliam"[239]. Es kann somit nicht verwundern, daß im lateinischen Westen auf der Grundlage der Vulgata nicht nur von Mainz, sondern schon mehr als zwei Jahrhunderte früher auch von Vienne, das im Laufe des dritten Jahrhunderts Bistum wurde, Anspruch auf den Paulusschüler erhoben wurde. Erzbischof Ado von Vienne (860/74[240]) berichtet, Crescens, ein *"discipulus apostolorum"*, habe für einige Jahre als erster das Bischofsamt in Vienne ausgeübt, bevor er nach Galatien zurückgekehrt sei und seinen Nachfolgern, dem Märtyrer Zacharias und dem ebenfalls als *"discipulus apostolorum"* bezeichneten Martinus, die Führung der Kirche von Vienne überlassen habe[241]. Mainz erhob den gleichen Anspruch auf den Apostelschüler, um nicht hinter seinen kirchenpolitischen Rivalen des 11. Jahrhunderts Köln und Trier zurückzustehen, wo längst der Anschluß an die apostolische Zeit konstruiert worden war[242]. Vielleicht darf ein konkreter Ausgangspunkt der Mainzer Crescenslegende im Besitz von Reliquien eines der verschiedenen Heiligen dieses Namens vermutet werden[243].

Als Ergebnis kann festgehalten werden, daß der Apostelschüler Crescens / Crescentius mit Sicherheit aus den Bischofslisten zu streichen ist. Ältere Versuche, einen anderen Bischof gleichen Namens für die Mainzer Kirche zu bewahren, in-

---

[239] R. Weber hat diese Lesart nach den Codices G, A, K u. C in den Text seiner Stuttgarter Vulgataausgabe (Biblia Sacra iuxta vulgatam versionem, Stuttgart ³1983) aufgenommen.

[240] Vgl. zu Ado G.H. Pertz in den Prolegomena zu seiner Ausgabe von Auszügen der Chronik Ados (MGH. SS 2,315) und Tusculum-Lexikon 10.

[241] Ado, Chronicon (PL 123,79 A; 81 D; 106 B/C) und Ado, Martyrologium ad Juni 27 (PL 123,293f. D/A); vgl. Duchesne, Fastes 1,148f.; 3,156; Levison, Anfänge 12; weitere Quellen, nach denen Crescens im Raum Arles als Bistumsgründer beansprucht worden ist, bei v. Petrikovits, Germania 577.

[242] Ewig, Bischofsgräber 176; Jürgensmeier, Bistum 112; in Köln galt Maternus (vgl. S. 18) seit dem 12. Jh. als Petrusschüler; Levison, Anfänge 8; Neuss, Anfänge 11, Dassmann, Anfänge 109f.; nach Trier sollen Eucharius, Valerius und derselbe Maternus von Petrus gesandt worden sein; vgl. Levison, Anfänge 8; Neuss, Anfänge 10; Dassmann, Anfänge 69.

[243] Levison 13f., der eine entsprechende Ursache auch für die Entwicklung der Metzer Legende um den angeblichen Apostelgesandten Clemens erwägt.

dem sein Wirken in spätere Zeit verlegt wird[244], können nicht überzeugen. Zu durchsichtig sind die Gründe für sein Eindringen in einen Teil der Überlieferung.

Weniger leicht als im Fall des Crescens kann eine Antwort auf die Frage nach der Authentizität der vier Bischöfe gefunden werden, die bereits in den Redaktionen des zehnten bzw. elften Jahrhunderts der Bischofsreihe vorangestellt wurden.

3.4. Die Erweiterung der Bischofsreihe um Mar(t)inus, Sophronius, Bothadus und Ruthardus

3.4.1. Marinus

Marinus ist in allen von O. Holder-Egger edierten Listen - mit Ausnahme der ältesten aus Fulda, wo er fehlt - in einheitlicher Schreibweise enthalten. Betrachtet man nur den Namen, den aber keine sonstige Überlieferung mit der Mainzer Kirche in Verbindung bringt, könnte dieser durchaus der eines Bischofs in römischer Zeit gewesen sein[245]. Ob Marinus aber überhaupt als Mainzer Bischof in der Series Ia des Codex Bernensis, auf die möglicherweise alle späteren zurückgehen, geführt ist, bedarf genauer Überprüfung.

Wie aus der entsprechenden Stelle in der Berner Handschrift ersichtlich ist[246], schließt die Reihe der Mainzer Oberhirten ohne jeden Absatz oder sonstige Kenntlichmachung an eine Liste der römischen Päpste an. Während es einen Papst Suffronius nicht gegeben hat und die Reihe von Aureus an eindeutig die aus dem Codex Fuldensis (I) bekannten Mainzer Bischöfe vor Bonifatius wiedergibt, kann Marinus durchaus auch den Papst Marinus II. bezeichnen, der von 942/6 im Amt

---

[244] Am Ende des 3. Jh. wird Crescens angesiedelt von Singer, St. Aureus 5; Ledroit, Christentum 32, am Anfang des 4. Jh. von Brack, Geschichte 1,456; Friedrich, Kirchengeschichte 1,312; Falk, Cataloge 13; ders., Jahrtausend 2.

[245] Daß es sich bei Marinus um einen im Gallien der Römerzeit gebräuchlichen Namen gehandelt hat und nicht etwa um die Verschreibung aus Martinus, zeigt die sichere Bezeugung des gleichnamigen Bischofs von Arles auf dem Konzil von Arles im Jahre 314 (Concilia Galliae: CCL 48,14,2 u.a.; Duchesne, Fastes 1,254).

[246] Vgl. die Kopie der Handschrift auf den Seiten 52f.

war und auf den zuletzt genannten Stephan VIII. (IX.) (939/42) folgte[247]. O. Holder-Egger hat seine Unsicherheit darüber zwar in einer Anmerkung zur Stelle geäußert[248], dies hat aber nur wenig Beachtung gefunden[249].
Im Codex Bernensis scheint zwar der vor Marinus genannte Bischof eigentlich erst Stephan VII. (VIII.) (929-931) zu sein, auf den noch Johannes XI. (931/6), Leo VII. (936/9) und Stephan VIII. (IX.) vor Marinus II. folgen[250]. Diese Schwierigkeit kann aber recht leicht ausgeräumt werden, da vor Stephan VII. (VIII.) mit Johannes X. (911/28) und Leo VI. (928/9)[251] das gleiche Namenspaar steht wie vor Stephan dem VIII. (IX.). Vor Marinus befindet sich also zweimal eine Dreiergruppe mit gleichen Namen, wodurch leicht ein Zeilensprung und damit die Auslassung dreier Päpste begründet werden kann. Daß dies nicht abwegig ist, zeigt ein Parallelfall in derselben Liste nur 15 Positionen oberhalb: Von Hadrian II. (867/72) springt der Verfasser direkt zu Stephan VI. (885/91) und übergeht damit Johannes VIII. (872/82), Marinus I. (882/4) und Hadrian III. (884/5)[252]. Hier liegt nur die Wiederkehr eines einzigen Namens, Hadrian, in kurzem Abstand vor, die den Zeilensprung verursachte. Im oben geschilderten Fall kehrte gar eine Folge dreier Namen wieder.
Wenn Marinus in der Berner Liste also möglicherweise als römischer Papst geführt ist, muß die Existenz eines Mainzer Bischofs gleichen Namens natürlich in Frage gestellt werden. Sein Vorkommen in den übrigen Bischofslisten kann nicht als hinreichender Nachweis gewertet werden, da sehr gut vorstellbar ist, daß sich der Fehler in der Folgezeit fortpflanzte. Man braucht hier nur an die getreue Wiederkehr der Fuldaer Liste in allen späteren oder an die feste Etablierung des Paulusschülers Crescens[253] seit dem 12. Jahrhundert zu erinnern, um die gegenseitige

---

[247] Liber Pontificalis 2,244f., wo der uneinheitlich gezählte Stephan VIII. / IX. als Stephanus VIII. geführt ist.

[248] Holder-Egger (Series: MGH. SS 13,309, Anm. 3): "Nescio an scriptor hunc pontificem Romanum an primum Moguntinum habuerit".

[249] Neben Dassmann im Handbuch der Mainzer Kirchengeschichte 1,1,35 (vgl. S. 7) scheint nur Heinemeyer, Erzbistum 10 darauf wenigstens kurz hingewiesen zu haben.

[250] Liber Pontificalis 2,242/5.

[251] Ebd. 240/2.

[252] Ebd. 173/226.

[253] Vgl. die Series VI; VIII; IX und besonders die Übersicht bei Falk, Cataloge (im Anhang), wo auch drei spätere Kataloge ediert sind.

Abhängigkeit der Listen zu dokumentieren. Die neuere Datierung der Liste erst in das beginnende 11. Jahrhundert schließt keineswegs aus, daß sie zur Vorlage im selben Jahrhundert entstandener Codices geworden ist. Ohnehin scheint der Berner Katalog auf eine ältere Urschrift zurückzugehen, da er nur die Päpste bis 946 umfaßt. Es ist gut denkbar, daß auch dort schon die fehlende Absetzung der Mainzer und der Römischen Liste vorgegeben war.

Die Variationen der Reihenfolge in den "Abschriften" müssen ebenfalls nicht gegen diese These sprechen, vielmehr deuten sie darauf hin, daß verständliche Unsicherheit herrschte bei der Einordnung der ersten vier Bischöfe, über die keinerlei Nachrichten bekannt waren.

Aus dem Dargelegten folgt also, daß ein spätrömischer Mainzer Bischof Marinus durch die Bischofslisten, in deren erster Fassung er noch nicht enthalten war, nur höchst unsicher bezeugt ist. Er ist möglicherweise durch den Codex Bernensis in die Bischofsreihe hineingeraten, auf den vielleicht auch die Erweiterung um Sophronius, Bothadus und Ruthardus zurückgeht. Auch bei diesen wird im Einzelfall zu fragen sein, ob die Aufnahme historisch glaubwürdig ist oder auf vagen Indizien gründet, die in erster Linie dem Wunsch entsprangen, die Liste der Mainzer Bischöfe nach vorne zu verlängern. Marinus gilt nicht zuletzt deswegen als erster Bischof von Mainz, weil es nahe liegt, ihn mit jenem Martinus zu identifizieren, der die Akten des Kölner Konzils im Jahre 346 und somit auch die von Serdica im Jahre 342 unterzeichnet haben soll[254]. Der historische Wert der Kölner Unterschriftenliste ist an früherer Stelle bereits gänzlich in Frage gestellt worden[255]. Denn es hat den Anschein, als wenn der bei Athanasius genannte Martinus nur aufgrund des Martinspatroziniums des Mainzer Doms vom Fälscher im 10. Jahrhundert mit dem Bistum Mainz in Verbindung gebracht worden ist. Man kann freilich einen Einfluß dieser Akten auf die erst danach entstandenen Bischofslisten nicht ausschließen[256], die allerdings der Lesart Marinus des Codex Bernensis gefolgt sind.

Die Namensform Martinus begegnet außerdem im Translationsbericht Sigehards. Wenn Martinus unter den im Jahre 935 Überführten nachgewiesen werden kann bzw. wenn eine Nachricht über ihn schon auf diese Zeit zurückgeht, muß seine

---

[254] So mit vereinzelten Bedenken fast allgemeiner Konsens: Ewig, Bischofsgräber 176f.; Decker/Selzer 511; Heinemeyer, Erzbistum 8.
[255] Vgl. zur Kölner Liste S. 24.
[256] Gierlich, Grabstätten 148 hält für möglich, daß Marinus als "Niederschlag der Konzilsakten" in die Listen eingedrungen ist.

Existenz als gesichert gelten. Denn dann dürfte hier wohl seine erste Bezeugung vorliegen, die unabhängig sowohl von den gefälschten Konzilsakten als auch von der Berner Liste bzw. späteren Redaktionsstufen gedacht werden müßte. Daß Sigehard aber vielmehr aus einer ihm vorliegenden späten Bischofsliste geschöpft haben wird, wurde schon herausgestellt[257]. Dabei ist die von der Überlieferung der Listen abweichende Schreibweise 'Martinus' statt 'Marinus' sicherlich anders zu bewerten als die zahlreichen Varianten bei den übrigen Namen. Denn hier ist die Identität nicht eindeutig, da beide Formen häufig belegte Namen darstellen. Man darf daher annehmen, daß Sigehard nicht durch ein Versehen, sondern bewußt den Marinus der Listen durch Martinus ersetzte, welche Namensform ihm möglicherweise aufgrund des Dompatroziniums besser bezeugt erschien; außerdem liegt es durchaus nahe, daß Sigehard die Konzilsakten von Köln[258] oder eine darauf zurückgehende Quelle gekannt und rezipiert hat. Durch die Identifizierung mit dem dort genannten, nur scheinbar dokumentarisch sicher bezeugten Martinus konnte der bloße Name Marinus zu einer historisch faßbaren Gestalt werden[259].

Folgende Schlüsse können in bezug auf Marinus / Martinus gezogen werden: Scheidet das Zeugnis der Kölner Synode zu Recht aus, ist Marinus außerhalb der Listen ebensowenig bezeugt wie die weiteren drei im 10./11. Jahrhundert dazugekommenen angeblichen Bischöfe der Römerzeit Suffronius, Bothadus und Riuthardus. Ohne die nachträglich vorgeordnete Vierergruppe pauschal in Frage stellen zu wollen, konnte für Marinus / Martinus ein erwägenswerter Weg aufgezeichnet werden, auf dem der Name irrtümlich an die Spitze der Mainzer Bischofsreihe geraten ist: Wenn die Herleitung aus einer Verwechslung mit dem Papst Marinus II. zutreffen sollte, ist er natürlich als Mainzer Bischof zu streichen. Vielleicht von den gefälschten Kölner Konzilsakten ausgehend, erhielt er in einigen späteren Rezepti-

---

[257] Vgl. zur Zuverlässigkeit der Liste Sigehards S. 64.

[258] Da die im 10. Jh. entstandenen Akten schon spätestens 1538 gedruckt wurden (vgl. S. 20 m. Anm. 44) und Latomus, Catalogus 424 im 16. Jh. auf sie zurückgreift, ist es gut vorstellbar, daß sie auch bereits um 1300 eine gewisse Verbreitung gefunden hatten.

[259] Den gewaltigen Abstand von etwa 250 Jahren zwischen dem an erster Stellen genannten Crescens, der im 13. Jh. sicher als Bischof des 1. Jh. galt (vgl. S. 65), und Martinus (4. Jh.) mußte Sigehard nicht als problematisch empfinden; denn darüber, daß nicht die ersten 10 Bischöfe in kontinuierlicher und vollständiger Reihe in St. Hilarius vorgefunden und überführt worden sind, kann schon für ihn aufgrund der zu geringen Anzahl bekannter Namen kein Zweifel bestanden haben.

onsstufen schließlich die dem Dompatrozinium entsprechende Namensform Martinus[260].

3.4.2. Sophronius

Der im Codex Bernensis (Series Ia) als Suffronius angeführte Mainzer Bischof erscheint nur in der Series III aus Zwetla in der vermutlich ursprünglichen, griechischen Form Sophronius. Wenn man den als Fiktion sicher erwiesenen Crescens außer acht läßt, befindet er sich in dreien der von O. Holder-Egger edierten Listen an erster Position[261], in drei anderen folgt er sofort auf Marinus[262], nur in einer[263] sowie im Translationsbericht des Sigehard ist ihm außer Mar(t)inus noch Bodadus vorgeordnet. Die Reihenfolge Marinus - Sophronius geht zwar auf den wahrscheinlich ältesten Codex (Series Ia) zurück und darf insofern als die ursprüngliche gelten[264], die von den späteren Redaktionsstufen möglicherweise rezipiert und teilweise variiert worden ist. Wenn jedoch die Einreihung des Marinus unter die Mainzer Bischöfe auf einer Verwechslung beruht, kann eine Erklärung dafür gefunden werden, daß nachfolgende Listen (Series II; III; VII) Sophronius vor Marinus setzten: Vielleicht war man auf irgendeine Nachricht von Sophronius als erstem Bischof gestoßen, während es über Marinus keine alte Tradition in Mainz gegeben haben kann.

Außerhalb der Bischofslisten liegen über Sophronius jedoch ebensowenig wie über Marinus Nachrichten vor, die ihn als authentischen frühen Bischof erweisen könn-

---

[260] Außer in der Liste Sigehards findet sich die Lesart Martinus in zwei späten Listen, die Falk, Cataloge 6f. mit der Beilage unter Nr. VII u. VIII aus Reliquienverzeichnissen von St. Alban bzw. von St. Jacob abgedruckt hat; in einem weiteren Katalog, der im Codex Darmstadiensis Nr. 820 enthalten und etwa 1507 verfaßt ist (nach der freundlicherweise von der Hessischen Landes- und Hochschulbibliothek Darmstadt - neben einem Mikrofilm der Handschrift - übersandten vorläufigen Beschreibung) stehen beide Namensvarianten: "*Martinus quem alii Marinum vocant*" (fol. 81[r]).

[261] Series II; III; VII.

[262] Series Ia; VI; IX.

[263] Series VIII.

[264] Ewig, Bischofsgräber 173.

ten[265]. Andererseits sprechen bei ihm keine Hinderungsgründe oder aufdeckbaren Fehlerquellen dagegen, wenn man nicht die Erweiterung als ganze für fingiert halten möchte. Sein griechischer Name paßt jedenfalls gut in die Zeit der christlichen Spätantike[266]. Das 1907 bei St. Alban gefundene Fragment eines christlichen Grabsteins mit griechischer Schrift, das wohl dem vierten Jahrhundert entstammt, bestätigt, daß Mainz wie auch Trier und Köln in der fraglichen Zeit unter hellenistischem Einfluß gestanden hat[267].

Mit einigem Recht kann man Sophronius also für den ersten bekannten Mainzer Bischof halten, vielleicht sogar für denjenigen, der im Jahre 368 den Überfall der Alamannen unter Rando erlebte.

3.4.3. Bothadus und Ruthardus

Bei den beiden im Codex Bernensis auf Suffronius folgenden germanischen Namen Bothadus und Riuthardus fällt zunächst die Vielzahl der in den Redaktionen auftauchenden Namensvarianten auf: Bothadus (Series Ia; III; VII), Bathodus (II), Podardus (VI), Bodadus (VIII; Sigehard), Bodardus (IX); Riuthardus (Ia[268]), Ruthardus (II), Ruthadus (III), Rutharius (VI), Ruothardus (VII), Rodharius (VIII), Ruodharius (IX). Desweiteren ist schon auf die wechselnde Reihenfolge der ersten Namen hingewiesen worden. Wenn man von der offensichtlichen Verschreibung in der späten Series VIII, die das germanische Namenspaar auseinanderreißt und Bodadus vor Suffronius einordnet, sowie von dem - wohl auf dieser fußenden -

---

[265] Duchesne, Fastes 3,157 führt ihn daher nicht in seiner historischen Liste an; vgl. etwa auch Ewig, Bischofsgräber 176; Gierlich, Grabstätten 149, Anm. 25; Dassmann, Anfänge 48.

[266] Auch die Bischöfe Irenäus von Lyon (2. Jh.), Agroecius von Trier (Anf. 4. Jh.) und Euphrates von Köln (4. Jh.) tragen griechische Namen, die auf ihre Herkunft aus dem Osten schließen lassen.

[267] Die Inschrift wird besprochen bei Körber, Inschriften: MZ 3 (1908) 9, der auf das häufigere Vorkommen griechischer Grabschriften in Trier und Südfrankreich hinweist, wo das griechische Massilia der Ausgangspunkt des hellenistischen Einflusses im 4. Jh. auch auf Germanien gewesen sei, u. Behrens, Frühchristliches Mainz 8f. m. Abb. 19, vgl. Jürgensmeier, Bistum 14; Dassmann, Anfänge 48.

[268] Vgl. Anm. 186.

Translationsbericht Sigehards[269] absieht, können zwei Konstanten festgestellt werden: Zum einen wird die Priorität des Sophronius gegenüber dem Paar nicht angetastet, während Marinus aus den beschriebenen Gründen[270] in den Series II und VII erst hinter diesen auftaucht. Zum anderen geht Bothadus dem Ruthardus in allen Listen zeitlich voran.

Daß Bischöfe dieses Namens an so früher Stelle aber - vor den Gallo-Romanen Aureus und Maximus - unmöglich richtig eingeordnet sein können, leuchtet unmittelbar ein[271]. In den gallischen und fränkischen Episkopat hielten germanische Namen erst seit dem sechsten Jahrhundert Einzug, bevor sie sich im Laufe des siebten Jahrhunderts in ganz Gallien durchsetzten[272]. Dennoch muß nicht notwendigerweise gefolgert werden, daß Bothadus und Ruthardus gänzlich aus den Listen zu streichen sind[273], da man im zehnten Jahrhundert durchaus auf die Namen ohne chronologische Fixierung getroffen sein kann; mit Sicherheit ist ihnen aber ein Platz erst in merowingischer Zeit zuzuweisen.

---

[269] Bei Sigehard befindet sich Bodadus vor Suffronius; Ruthardus ist offensichtlich zur Bewahrung der Zehnzahl ausgelassen - wie auch Petilinus, der in den übrigen Listen als Bischof der Merowingerzeit erscheint.

[270] Vgl. S. 73.

[271] Vgl. etwa Duchesne, Fastes 3,155; Fath, Bodardus 265; Ewig, Bischofsgräber 174; Heinemeyer, Erzbistum 10; Jürgensmeier, Bistum 14; schon Friedrich, Kirchengeschichte 1,312 hält die Namen für im 5. Jh. sehr unwahrscheinlich. Für ein Wirken von Bothadus und Ruthardus vor der Mitte des 4. Jh. spricht sich dagegen Falk, Cataloge 13 aus; in bezug auf Bothadus ähnlich Brack, Geschichte 1,450.

[272] Wieruszowski, Zusammensetzung 11; 14; 27; 29; vgl. auch Falck, Mainz 8.

[273] Vorschub erhält eine solche Vermutung allerdings dadurch, daß in der zweiten Hälfte des 6. Jh. mit "Botadus" von Köln und "Rotharius" von Straßburg ungefähr gleichzeitig zwei entsprechende Namen in Nachbarbistümern bezeugt sind (vgl. Duchesne, Fastes 3,180 bzw. 171). Nicht undenkbar ist die Möglichkeit, daß die Namen durch eine von beiden besuchte Synode miteinander verbunden wurden und auf irgendeinem Wege in die Mainzer Bischofsliste hineingeraten sind; die offenbar gleichzeitige Aufnahme des Sophronius könnte in solcher Weise aber nicht erklärt werden, da eine Beziehung zum Bischof des südfranzösischen Agde, Sophronius / Suffronius, der 506 am Konzil von Agde teilnahm (CCL 148,213/9; Duchesne, Fastes 1,319), wohl auszuschließen ist.

3.4.3.1. Bothadus

Einen plausiblen Vorschlag zur Auflösung der fehlerhaften Einordnung des Bothadus hat E. Ewig geliefert, der in der Vita Bodardi[274] das entscheidende Hilfsmittel zur Datierung des Mainzer Bischofs sehen will[275]. Diese wohl zu Anfang des 13. Jahrhunderts in Trier verfaßte Vita handelt über die Wundertaten eines weitgehend unbekannten Heiligen namens Bodardus. Er soll als Schüler des hl. Hilarius in Poitiers gelebt haben, *"cum Lotharius regnaret, equitaniorum teneret regnum"*[276]. Die Verehrung eines Bothadus ist nicht in Trier, aber seit dem Ende des zehnten Jahrhunderts sowohl im Kloster Hornbach bei Zweibrücken und dem von Hornbach abhängigen Münchweiler an der Alsenz als auch im Mainzer Kloster St. Alban nachweisbar[277]. Während A. Fath an eine Reliquientranslation aus Poitiers nach Hornbach denkt, von wo der Kult dann nach St. Alban übergegangen sei[278], weist E. Ewig jede Verbindung zu Poitiers als Fiktion zurück, da dort ein hl. Bodardus nicht bekannt sei. Er geht vielmehr davon aus, daß der Kult in St. Alban entstanden ist, und identifiziert Bodardus mit dem Mainzer Bischof Bothadus[279]. Die Translation des Jahres 935 von der Kapelle St. Hilarius nach St. Alban könnte Auslöser für die irrtümliche Verbindung von Bothadus mit Hilarius von Poitiers gewesen sein[280]. Es ist denkbar, daß diese Verbindung in einer zweiten Stufe auch zur falschen chronologischen Einordnung des Bothadus unter die frühen Bischöfe geführt hat[281].

---

[274] Vita Bodardi, hg. im Passionale des St. Maximin-Klosters Trier (jetzt in der Stadtbibliothek) 3. Bd., fol. 71/3; nach Fath, Bodardus 257f.; eine kurze Inhaltsangabe bietet D. Papebrochius (ActaSS Juni VII,2 unter den 'praetermissi' zum 25. Juni).

[275] Ewig, Bischofsgräber 174f.

[276] Fath, Bodardus 257f.

[277] Ebd. 256; 262f.

[278] Ebd. 261f.

[279] Ebd. 260; Ewig, Bischofsgräber 174, vgl. zur Legendenbildung um Bodardus auch Heyne bes. 290f..

[280] So Ewig, Bischofsgräber 175.

[281] Fath, Bodardus 266 hält es dagegen für das Nächstliegende, daß infolge der im 10. Jh. für St. Alban nachweislichen Verehrung Bodardus von Poitiers durch einen Irrtum des Redaktors in die Mainzer Bischofslisten aufgenommen worden sei; dabei sei der Name entstellt und zeitlich möglichst weit hinaufgerückt worden.

Die Angabe der Vita, er habe unter einem König Lothar, dem Herrscher über Aquitanien, gelebt, halten A. Fath und E. Ewig für historisch verwertbar und beziehen sie auf Chlothar II., der von 584, dem Jahr seiner Geburt, bis 629 König des fränkischen Teilreiches Neustrien war[282]. Läßt man die Jugendjahre Chlothars außer acht, können aus der Vita am ehesten die ersten Jahrzehnte des siebten Jahrhunderts als Amtszeit eines Mainzer Bischofs Bodardus / Bothadus abgeleitet werden.

Für diese Datierung kann eine Bestätigung in einer Urkunde vom 4. November 1070 gefunden werden[283]. Darin erneuert der Mainzer Erzbischof Siegfried I. (1059-1084) dem auf dem "Mons speciosus" gelegenen Kloster St. Jakob die von seinem Vorgänger Liutpold (1051-1059)[284] verliehenen Besitzrechte an der Nikomedesbasilika. Über diese Kirche, die sich im südlichen Bereich desselben Berges befunden habe[285], wird ausgesagt, daß sie *"zur Zeit des [Erz-] Bischofs Bothadus errichtet und von guten Gläubigen ausgestattet worden sei"*[286]. Das - im gesamten Merowingerreich sonst unbekannte[287] - Nikomedespatrozinium weist in die Zeit

---

[282] Chlotar II. regierte von 584-629 im fränkischen Teilreich Neustrien, zu dem Aquitanien zwar gehörte, aber eine gewisse Unabhängigkeit bewahren konnte. Möglicherweise hat ihn der Verfasser der Vita Bodardi konkreter als Herrscher des Gesamtreiches vor Augen, das er von 613-623 vereinigen konnte; Fath, Bodardus 259; Ewig, Bischofsgräber 175; Pitz, Europa 27.

[283] Vgl. zum Folgenden Ewig, Bischofsgräber 175, Falck, Mainz 18.

[284] Vgl. zu den beiden Erzbischöfen Gierlich, Grabstätten 172/4.

[285] Falk, Cataloge 13 lokalisiert die Kirche mit Berufung auf das Mainzer Proprium aus dem 17. Jh. nahe dem Drususdenkmal; ebenso Falck, Mainz 18 ("außerhalb der Stadt, etwas südlich vom Eigelstein"), der in ihr (obwohl von Privatpersonen eingerichtet) keine Eigenkirche sieht, sondern eine der bischöflichen Kirchen außerhalb der Stadtmauern wie St. Alban, St. Hilarius oder St. Peter; die erste Erwähnung findet sich in einer Schenkungsurkunde vom 18. 12. 762, in der "*St. Nigodimi*" zur Grenzbezeichnung eines Weinbergs *"foris murum Mogontie civitatis"* erscheint (Urkundenbuch Fulda 1,64,16, Nr. 37).

[286] Mainzer Urkundenbuch 1,217, Nr. 327:
*"Omnibus notum esse cupimus, quod antecessor meus pie memorie Liuppoldus archiepiscopus [statt richtig: "episcopus"] statuit monasterium in honorem sancti Jacobi apostoli [...] in monte, qui dicitur mons speciosus, tradititque inter cetera ad idem monasterium **basilicam sancti Nicomedis sitam ad australem plagam eiusdem montis temporibus Bothadi archiepiscopi constructam et dotatam a bonis fidelibus**".*

[287] Falck, Mainz 18.

des Papstes Bonifatius V. (619-625), der die Verehrung des römischen Märtyrers Nikomedes gefördert hat[288]. E. Ewig möchte annehmen, daß Bothadus anläßlich der Erhebung der Gebeine des Märtyrers aus Rom Nikomedesreliquien erhielt, was aufgrund der guten Beziehungen zwischen den Franken und dem apostolischen Stuhl nicht zu verwundern braucht[289].

Wenn man Bothadus nach dem Dargestellten mit einigem Recht als Mainzer Bischof der Zeit um 620 ansehen darf, muß ihm nun die richtige Stelle innerhalb der bekannten Reihe der merowingischen Bischöfe zugewiesen werden. Für das Jahr 612 ist noch Leudegasius recht sicher bezeugt, der aber 614 nicht mehr im Amt zu sein scheint, da seine Unterschrift in den Akten des Konzils von Paris fehlt[290]. Zwischen ihm und dem wahrscheinlich 661 (nach E. Ewig schon 627[291]) bezeugten Laboaldus nennen die Listen noch Petilinus und Lanwaldus, von denen man nichts weiß[292]. Da Petilinus genau an der für Bothadus in Frage kommenden Stelle folgt und außerdem nicht im Translationsbericht des Sigehard enthalten ist, möchte E. Ewig beide miteinander identifizieren. Die Berechtigung dazu sieht er in der sprachlichen Verwandtschaft der Namen: Petilinus sei unter Einwirkung des Umlautes[293] die Verkleinerungs- und Koseform für "Bathodus" oder "Bathadus", wie der Name dann ursprünglich gelautet haben muß. Die Identität der beiden Namen

---

[288] Bau und Weihe einer Gedächtniskapelle bezeugt der Liber Pontificalis 1,321,: "*Hic perfecit cymiterium sancti Nicomedis [nach anderer Lesart: "Nicomedi"] et dedicavit eum [eigtl. "id"]*"; Ewig, Bischofsgräber 175;
sicherlich unzutreffend wird die Errichtung der Mainzer Nikomedesbasilika durch Bothadus im 4. Jh. angesiedelt von Brack, Geschichte 1,450; Brilmayer, Rheinhessen 281; Falk, Jahrtausend 2.

[289] Ewig, Bischofsgräber 176.

[290] Vgl. Concilium Parisiense, Subscriptiones (CCL 148A,280/2); unter den 80 Teilnehmern befinden sich dagegen etwa die Bischöfe aus Trier (Sabaudus), Köln (Solacius), Straßburg (Ansoaldus) und Speyer (Hildericus).

[291] Ewig, Bischofsgräber 172; vgl. S. 112f.

[292] Vgl. jeweils die Einzelbehandlungen Kap. 3.5.6.; 3.5.7.

[293] Daß dieser sog. Primärumlaut von "a" zu "e" bei "i" in der nachfolgenden Silbe im Rahmen der Sprachveränderungen vom Westgermanischen zum Althochdeutschen im 8./9. Jh. häufig zu beobachten ist, belegt G. Schweikle, Germanisch-deutsche Sprachgeschichte im Überblick (Stuttgart ³1990) 89.

für den vielleicht ersten Franken auf dem Mainzer Bischofsstuhl sei den Verfassern der Bischofslisten dann nicht mehr bekannt gewesen[294].
Die von E. Ewig vorgetragene These kann das Richtige wiedergeben, ist aber nicht frei von Zweifeln. Nicht abwegig erscheint mir, daß Bothadus (in dieser deutlich besser bezeugten Namensform[295]) doch ein Vorgänger des Petilinus war. Wenn man nämlich Laboaldus - m. E. richtig - erst 661 statt 627 ansetzt, besteht keine Notwendigkeit, einen seiner Vorgänger zu streichen, da die Spanne von etwa 40 Jahren seit 614 sogar leichter nach Einfügung des Bothadus vor Petilinus und Lanwaldus überbrückt werden könnte. Die Auslassung im Translationsbericht Sigehards kann nicht als schwerwiegendes Argument gewertet werden, da dieser wohl die Bischofslisten benutzt und nach seinem Bedarf verändert hat[296].

Zusammenfassend ergibt sich, daß mit dem Namen Bothadus, der nach den Listen fälschlich in die Römerzeit zu gehören scheint, möglicherweise ein Mainzer Bischof des siebten Jahrhunderts bezeichnet ist. Sein Pontifikat läßt sich am besten zwischen 614 und den 20er Jahren des siebten Jahrhunderts einfügen. Ob er mit Petilinus zu identifizieren ist oder ob dieser auf Bothadus folgte, bleibt eine offene Frage. Die Waagschale neigt sich nach meinem Ermessen aber eher zu einer Beantwortung im Sinne von zwei unabhängigen Personen.

3.4.3.2. Ruthardus

Die ursprüngliche Namensform des im Codex Bernensis (Series Ia) als Riuthardus geführten Bischofs dürfte Ruthardus gewesen sein[297]. Auch wenn er wie Petilinus

---

[294] Ewig, Bischofsgräber 175; ders. Raum 292.

[295] In 7 von 8 Fällen bieten die Listen in der ersten Silbe ein "o" (vgl. S. 74; darüber hinaus wird die Lesart auch von der außerhalb von Mainz lebendigen Bodardustradition gestützt, die freilich den Fehler aus St. Alban übernommen haben könnte.

[296] Vgl. S. 64; es kann natürlich nicht ausgeschlossen werden, daß Sigehard doch auf irgendeine Weise von der Identität Bodadus - Petilinus erfahren hat und aus diesem Grund die von ihm vorgefundene Bischofsreihe korrigierte; beweiskräftige Hinweise darauf lassen sich allerdings nicht erbringen.

[297] Vgl. die Varianten S. 74; für einen ursprünglich alleinstehenden Vokal "u" spricht die am Ende des 10. Jh. zu beobachtende Entwicklung vom Althochdeutschen zum Mittelhochdeutschen, nach der "u" zu "iu" (=ü) wurde; G. Schweikle, Germanisch-deusche

von Sigehard ausgelassen worden ist und sich keine Nachrichten über ihn erhalten haben, besteht kein Grund, an seiner Historizität zu zweifeln. Da er aber sicher nicht an der richtigen Stelle der Bischofsreihe erscheint und nach dem Befund der Listen höchstwahrscheinlich später anzusetzen ist als Bothadus, dürfte er ebenfalls dem siebten oder erst dem achten Jahrhundert angehören. Die von E. Ewig vorgeschlagene historische Einordnung des Ruthardus nach Laboaldus ist weitgehend akzeptiert worden[298], zumal man zwischen ihm und seinem erst 711 bezeugten Nachfolger Rigibert eine Lücke vermuten kann. Erwägenswert erscheint aber dennoch auch die Möglichkeit, daß Ruthardus wie in den Listen den unmittelbaren Nachfolger des Bothadus darstellt.

Sein Pontifikat könnte man damit, allerdings ohne jede stützende Überlieferung, entweder in der Zeit um 680 oder nach der zuletzt genannten Hypothese schon um 630 vermuten.

3.4.4. Bewertung der Erweiterung

Was die Erweiterung um Sophronius, Bothadus und Ruthardus betrifft, ist durchaus denkbar, daß sie - wie vermutet wird - tatsächlich in Verbindung mit der Reliquientranslation von 935 steht[299], die möglicherweise Informationen ans Licht kommen ließ, die bei der Abfassung der ersten Redaktion im Codex Fuldensis aus dem Jahre 923 noch verborgen waren. Jedoch sind in diesem Zusammenhang keine zuverlässig durch Inschriften oder Zeugnisse von Zeitgenossen erhaltenen Namen überliefert. Es kann daher nicht ausgeschlossen werden, daß die Aufnahme der um Marinus vermehrten Namen auf den durch die Translation geweckten Wunsch zurückzuführen ist, die Frühzeit des Bistums mit Personen zu belegen. Die Namen der ersten Mainzer Bischöfe, von denen es in römischer Zeit vor Aureus mehrere gegeben haben mag, waren aber offenbar durch keine Monumente konserviert und in Vergessenheit geraten. Hier spielte sicherlich auch die dunkle Periode zwischen dem fünften und dem sechsten Jahrhundert eine Rolle. Erst im 10./11. Jahrhundert kehrte die Erinnerung wieder, ohne daß die Quellen bekannt sind. Daß man bereit-

---

Sprachgeschichte im Überblick (Stuttgart ³1990). Möglicherweise geht der Fehler daher auf den Verfasser des Codex Bernensis zurück.

[298] Ewig, Bischofsgräber 176; vgl. Falck, Mainz 8; Heinemeyer, Erzbistum 10 m. Anm. 15; Seine Einordnung an dieser Stelle ist auch dann sinnvoll, wenn man Laboaldus nicht als schon 627, sondern erst 661 bezeugt ansieht.

[299] So Ewig, Bischofsgräber 176.

willig Erweiterungen der Liste auch unkritisch annahm, zeigt der Fall des Crescens[300].

Wenn es sich auch nach meiner Ansicht bei der Erweiterung zweifelsfrei um einen späteren Zusatz handelt - und nicht etwa lediglich eine Lücke in der Vorlage des Codex Fuldensis vorgelegen hat, wie W. Neuss meint[301] -, so möchte ich doch annehmen, daß wahre Elemente enthalten sind. Allein Sophronius darf die Mainzer Kirche jedoch - zwar ohne Beweis, aber ebenso ohne Widerlegung - als römerzeitlichen Bischof beanspruchen. Bothadus und Ruthardus sind zwar an der chronologisch falschen Stelle eingeordnet, konnten aber immerhin dem siebten Jahrhundert zugewiesen werden, wobei sich die Frage der Identität mit Petilinus nicht eindeutig entscheiden läßt. Ganz zu streichen ist wohl lediglich Marinus / Martinus.

3.5. Die Namen der ältesten Liste

Als weitgehend authentisch gilt die im Codex Fuldensis aus dem Jahre 923 gebotene Bischofsreihe, die elf Namen vor Bonifatius umfaßt. In allen nachfolgenden Redaktionen ist sie vollständig rezipiert[302], wobei gelegentlich auf Varianten in der Namensschreibung hinzuweisen sein wird.

3.5.1. Aureus

An erster Stelle wird hier Aureus genannt, welcher in der am Anfang des 13. Jahrhunderts entstandenen Series VIII die Erläuterung "*frater sancte Iustine virginis et martyris*" erhält. Ein Mainzer Bischof Aureus ist nicht in paganen Quellen bezeugt, die erlauben würden, ihn historisch eindeutig zu fixieren. Zahlreiche Informationen zu ihm und seinem Schicksal finden sich aber in der Heiligentradition der Mainzer Kirche und ihrer Umgebung.

Zum ersten Mal trifft man auf seinen Namen in einem der Tituli, die Hrabanus Maurus, der spätere Mainzer Erzbischof (847-856), für die Klosterkirche zu Fulda

---

[300] Vgl. Kap. 3.3.
[301] Neuss, Anfänge 15; dagegen Brühl, Palatium 102, Anm. 137.
[302] Vgl. S. 51.

anläßlich ihrer Weihe durch den Mainzer Erzbischof Haistulf im Jahre 819 gedichtet hat. Darunter befand sich "*im südlichen Seitenschiff, d.h. auf der rechten Seite der Apsis ebendieses (Schiffes)*" das folgende - insgesamt achtzeilige - Epigramm:

"*Hier (liegt) der Märtyrer Clemens zusammen mit dem Märtyrer Linus/ [...].
Der Bischof Aureus und der Märtyrer Justinus/ helfen hier in frommer Weise mit Gebeten und guten Verdiensten [...]*[303]".

In der Fuldaer Klosterkirche gab es also auf der Südseite einen Altar, der neben verschiedenen anderen Heiligen dem Bischof Aureus und dem Märtyrer Justinus geweiht war. Ebenso ist seit der Mitte des neunten Jahrhunderts außer für Mainz[304] auch für Reichenau und St. Gallen die Verehrung dieser Heiligen am 16. Juni nachweisbar[305]. Darüber hinaus müssen Reliquien des Bischofs Aureus und des als sein Diakon geltenden Justinus in das Kloster Heiligenstadt im thüringischen Eichsfeld gelangt sein, wo deren Gebeine - wohl nach einer Translation des neunten oder zehnten Jahrhunderts - in einer Urkunde des Jahres 1022 bezeugt sind[306]. Seit dem späten Mittelalter wurden sie dort als Stadtpatrone verehrt[307].

---

[303] Hrabanus Maurus, Carm. 41,IV (MGH. PL 2,206):
IN PORTICU MERIDIANA ID EST IN DEXTERA EIUSDEM ABSIDAE
"*Hic Clemens martyr pariter cum martyre Lino.
[...]
Aureus hic praesul Iustinus martyr et ipse
rite iuvant precibus atque bonis meritis, [...]*".

[304] Staab, Mainzer Kirche 67f., Anm. 131.

[305] Im Reichenauer Breviarium des Martyrologium Hieronymianum aus der Zeit um 864/7 und im zweiten St. Gallener Kalendar aus der Mitte des 9. Jh. finden sich zum 16.6. entsprechende Einträge; Gierlich, Grabstätten 150, Anm. 30; die Ansicht Ewigs, Bischofsgräber 173, Anm. 12, in den älteren Mainzer Kalendaren sei die Verehrung von Aureus und Justina bezeugt, hat Staab, Mainzer Kirche 67f., Anm. 131 mit zahlreichen Belegen korrigiert und das Paar Aureus und Justinus als ursprünglich erwiesen.

[306] In einer Schenkungsurkunde Kaiser Heinrich II. vom 9.12.1022 an das Eichsfelder St. Martinsstift (MGH. DR 3,613,22/4, Nr. 481) heißt es beiläufig:"*[...] monasterio Heiligonstat dicto, ubi preciosa martirum Aurei atque Iustini corpora requiescunt [...]*"; vgl. Opfermann, Aureus-Verehrung 442.

[307] Opfermann, Aureus-Verehrung 442; in Heiligenstadt entwickelte sich schließlich eine von der Mainzer Tradition abweichende Legende um Aureus und Justinus, über deren

In der späteren Tradition der Mainzer Kirche wird der Bischof Aureus dann aber nicht mehr mit Justinus, sondern zusammen mit seiner Schwester Justina verehrt, wie auch aus dem eingangs zitierten Zusatz der Series VIII hervorgeht. Eine entsprechende Nachricht liegt zuerst im bald nach 843 verfaßten Martyrologium[308] des Hrabanus Maurus vor, der etwa 25 Jahre zuvor noch die Fuldaer Aureus-Justinus-Tradition bezeugt hatte. Zum 16. Juni schreibt er:

"Und in der Stadt Mainz (ereignete sich) die Passio heiliger Märtyrer, des Bischofs Aureus und seiner Schwester, die von den Hunnen, welche die besagte Stadt verwüsteten, in der Kirche ermordet wurden"[309].

Daß Bischof Aureus und der Märtyrer / Diakon Justinus mit dem Geschwisterpaar Aureus und Justina identisch zu denken sind, geht aus der Verehrung am selben Tag, dem 16. Juni, klar hervor. Da für das Schicksal des Aureus die Änderung des Geschlechts der ihn begleitenden Person unerheblich ist, braucht darüber im Rahmen dieser Arbeit nicht spekuliert zu werden[310]. Als Kern der Nachricht Hrabans bleibt die Aussage, daß der Mainzer Bischof Aureus den Hunnen in der Kirche zum Opfer fiel, wobei das Jahr seines Martyriums allerdings nicht genannt wird.

Gräbern man die Kirche von Heiligenstadt erbaut sah (ActaSS Juni IV,40/8); vgl. Gierlich, Grabstätten 151 m. Anm. 32.

[308] Vgl. zum Martyrologium Hrabans R. Kottje, Hrabanus Maurus: Die deutsche Literatur des Mittelalters. Verfasserlexikon, hg. von K. Ruh u.a., Bd. 4 (Berlin / New York 1983) 184.

[309] Hrabanus Maurus, Martyrologium ad Juni 16 (CCM 44,58,167/9):
"Et in civitate Mogontiaco passio sanctorum martyrum Aurei episcopi et Iustinae sororis eius, qui ab Hunis vastantibus praedictam civitatem in ecclesia occisi sunt";
danach begegnet Justina auch in einem St. Albaner und einem Lorscher Kalendar, je aus dem 9.Jh.; Ewig, Bischofsgräber 173, Anm. 12.

[310] Gierlich, Grabstätten 150 vermutet den Grund der Änderung von Justinus zu Justina in der möglicherweise erstrebten Abgrenzung vom römischen Märtyrer desselben Namens, dessen Gebeine der Mainzer Erzbischof Otgar (826-847) vielleicht im Jahre 834 für die Kirche von Höchst am Main erhalten hatte (nach Hrabanus Maurus, Carm. 71 (MGH. PL 2,225): *"confessor honestus istic Iustinus [...], quem Otgarius praesul Romana asscivit ab urbe [...]"*); Falck, Mainz 4 denkt an ein "bloßes Mißverständnis, eine falsche Lesung des Namens Justinus"; Staab, Mainzer Kirche 67 geht von einer das Gefühl ansprechenden "gelehrten Interpretation" Hrabans aus; Schreiber, Bischofssitze 67f. möchte in Justina unbegründeterweise gar die "Gemahlin des Bischofs" sehen, was später vertuscht werden sollte.

Genauere Angaben über Aureus und Justina lassen sich einer Inschrift entnehmen, die wie diejenige über die Translation der zehn frühen Bischöfe in der Sammlung enthalten ist, die Johannes Hebelin von Heymbach um 1500 von Steinen in St. Alban abgeschrieben zu haben angibt:

"Gott selbst, der Sorge um seine Diener trägt,
hält in Anbetracht der Heiligen diesen Ort hier für verehrenswert,
wo ziemlich viele[311] *heilige Körper in frommer Weise bestattet sind;*
damit sie gnädig seien, läßt man sie als Nachbarn ruhen.
Diesen war Aureus nach seiner Ermordung zugesellt worden,
der Mainzer Bischof, den das Schwert der Hunnen
niederstreckte, als er gerade zelebrierend am eigenen Altar stand.
Dahinter stand die Jungfrau Justina, seine selige Schwester,
die bald darauf getötet wird und mit dem Bruder zusammen bestattet wird
im Jahr des fleischgewordenen Wortes 100 mal 4, einmal 50 und 4 mal 1,
und der 15. Tag des Junis gefalle darübergeschrieben zu werden,
wie es dieser Stein dem Volk, das an ihn herantritt, zur Kenntnis gibt"[312].
Nach dieser im Wert schwer einschätzbaren Quelle wahrscheinlich des elften Jahrhunderts[313] erlitt Aureus im Jahre 454 am Altar zusammen mit seiner Schwester das Martyrium durch die Hunnen und wurde an einem aufgrund vieler dort bestat-

---

[311] Statt "quam plura" liest Kraus, Inschriften 2,327 richtig "quamplura", welches eine Nebenform von "complura" darstellt (vgl. Georges s.v. quamplures).

[312] Mainzer Grabinschriften, Nr. 70 (MGH. PL 5,318f., I):
Curam servorum deus ipse gerendo suorum
deputat, ecce, locum pro sanctis hic (ältere Lesart: hunc) venerandum,
sunt ubi quam plura pie condita corpora sancta,
ut sint propicii, dantur velut esse propinqui.
Istis prostratus Aureus erat sociatus
Moguntinensis praesul, quem perculit ensis
Hunorum, propria celebrans dum staret in ara,
virgine Iustina post stante sorore beata,
que mox occiditur ac fratri consepelitur
anno verbigine C quater semel L quater Ique,
ac placeat Iunii quindena dies (eigtl. Akk. nötig) titulari,
ut monstrat genti lapis hic ad eum venienti".;

[313] Vom Herausgeber K. Strecker (ebd. Anm. zu 70) wird dieses Epitaph für jünger gehalten als das um 935 zu den 10 Bischöfen entstandene; nach dem Martyrologium Romanum (1940) 240 u. Kraus, Inschriften 2,327, Anm. 27 entstammt es wohl erst dem 11. Jh.

teter Heiligen verehrungswürdigen Ort beigesetzt, womit sowohl St. Hilarius, die Grablege der frühen Bischöfe, als auch St. Alban in Betracht kommen. Bei der Jahresangabe liegt mit Sicherheit zumindest eine Ungenauigkeit vor, da eine Zerstörung von Mainz durch Attilas Hunnen, wenn überhaupt, nur im Jahr 451 angenommen werden kann, als diese den Rhein überschritten[314].

Im Widerspruch dazu scheinen von den Bollandisten abgedruckte Verse zu stehen, die sich neben einem Bild des seinen Kopf mit eigenen Händen tragenden hl. Märtyrers Alban "in fronte sacelli domusque" im Petersweg (heute an der Stelle des Hauses Kaiser-Friedrichstr. 9) befunden hätten[315]:

*"Als die Welt **404 Jahre nach Christi Geburt** und der Erlösung der Menschen zählte, als Honorius (393-423) die Leitung des Reiches innehatte, **als der vertriebene Bischof Aureus das Zepter über Mainz führte** und Arius den Glauben durch sein schreckliches Schisma ins Wanken brachte, da kam der hl. Alban an von fernen Küsten. Weil er standhaft die Samen des göttlichen Wortes ausstreute und die Gegner des wahren Glaubens zu überzeugen versuchte, wurde er für Christi Namen von einer ungläubigen Menge überwältigt, erlitt das Martyrium durch Enthauptung und ruhte hier. Er selbst - eine für alle Zeit wunderbare Tat! - verdiente und vermochte es, nach himmlischem Willen sein Haupt mit eigenen Händen an eine heilige Stätte (d.i. der spätere Albansberg) zu tragen; nun ruhen dort die Gebeine des Hauptes wie des Körpers".*

Eine Verbindung der Heiligenviten von Alban und Aureus tritt gerade in weiteren, auf der anderen Seite des Bildes zu lesenden Versen noch deutlicher in Erscheinung:

*"Hier errichtete einst der Glaube der Ahnen diese Kapelle dem Alban und schmückte sie mit einem heiligen Altar: Das Gebäude erhielt den Namen 'Ad Hunum', weil gemäß den geschichtlichen Kenntnissen **zur Zeit der Passion Albans***

---

[314] Vgl. S. 35f.

[315] Zur Lage und Geschichte der Kapelle, der sog. St. Albansruhe, wo der hl. Alban "geruht", d.h. gerastet habe, bevor er zum Albansberg südlich der Stadt gewandelt sei (eher: übertragen worden ist), vgl. Falk, Älteste Zeit 48; Arens, Inschriften [46], ders., Kunstdenkmäler 27f.;
die überlieferte Inschrift soll ausführlicher als an dieser Stelle nötig zitiert werden, um später noch auf sie zurückkommen zu können (vgl. S. 130 m. Anm 498 zur Alban- und Theonestlegende).

das Volk der Hunnen wütete, so weit sich Germanien erstreckt, noch grausamer aber damals gegenüber dem Mainzer Gebiet"[316].

In dieser nach D. Papebrochius schon zwischen 825 und 840 verfaßten[317] Inschrift wird Aureus nur am Rande als vertriebener Bischof erwähnt, so daß die Zeitangabe 404, die für das Martyrium Albans ungefähr zutreffen wird, keine Rückschlüsse auf das Todesjahr des Aureus erlaubt. Im zweiten Teil der Inschrift zeigt sich deutlich die Vermischung zweier eigentlich unabhängiger und zu verschiedenen Zeiten mit dem Martyrium gekrönter Heiligenschicksale; denn die Nennung der Hunnen, die erst später am Rhein in Erscheinung traten und sicher zur Aureustradition gehören, ist im Zusammenhang mit Alban und dem Jahr 404 ohne Zweifel falsch. Mir erscheint es fraglich, ob die Verse mit der Herleitung des Gebäudenamens gleichzeitig mit denen auf der linken Seite des Bildes entstanden sind. Diese enthalten nämlich Elemente, welche sich gut in die Geschichte einordnen lassen, so daß die Da-

---

[316] De S. Albano Mart.: ActaSS Juni V (De Albano) 76 B/C; auch ediert in Arens, Inschriften 582, Nr. 1256:
*Post Christum natum, genus humanumque redemptum,
orbe quater centum numerante et quattuor annos,
dum tenet imperii moderamina Honorius, urbis*
sceptra Moguntinae Auraeus fert Praesul et exul,
*Arius atque fidem labefactat schismate diro;
advenit Sanctus longis Albanus ab oris,
qui cum divini constanter semina verbi
spargeret et verae fidei convinceret hostes,
obrutus infida, pro Christi nomine, turba,
hic capite oblato passus requievit; et ipsum
ipsemet (o factum cunctis mirabile seclis!)
complexus propriis coelesti numine palmis,
adportare locum meruit valuitque sacratum;
nunc ibi tam Capitis quam Corporis ossa quiescunt".*
Hier befand sich in der Mitte das Bild des hl. Alban.

"Hinc istud pietatis (richtig: *pietas) olim construxit avorum
Albano, sacra decorans araque sacellum:
Aedibus hinc istis adscriptum nomen ad Hunum.
Nam iuxta historias Albani tempore passi,
Hunorum, quam lata patet Germania, saevit
 gens, Moguntino sed tunc crudelius agro".*

[317] ActaSS Juni V (De Albano) 76,6 D.

tierung in die erste Hälfte des neunten Jahrhunderts allein für diesen Teil zutreffen mag[318].

Von einigen ist das Gesamtgedicht als klarer Hinweis auf das Martyrium des Aureus beim Vandaleneinfall von 406/7 angeführt worden, wobei mit Hunnen allgemein Germanen bezeichnet seien[319]. Allerdings berichtet es lediglich von der zeitlich vor der Ankunft Albans angesiedelten **Vertreibung** des Bischofs, ohne daß von seinem Tod überhaupt die Rede wäre. Dies dürfte man aber mit Sicherheit erwarten, wenn das Ende der beiden Heiligen als (nahezu) gleichzeitig angesehen worden wäre. Lediglich das Martyrium Albans wird also sehr glaubwürdig der angegebenen Zeit zugeordnet.

Falls die frühe Datierung der Inschrift stimmt, ist sie, kombiniert mit der Nachricht aus dem Martyrologium Hrabans, offenbar zur Vorlage des älteren Gozwin (um 1060) geworden, auf den dann Sigehard (1298) und das Mainzer Brevier zurückgehen. Alle drei Quellen können nämlich im Sinne der von D. Papebrochius[320] in Erwägung gezogenen Lösung verstanden werden, die Amtszeit des Aureus von der Zeit um 400 bis 451 dauern zu lassen. Auf diese Weise kann es gelingen, ihn zum Zeitgenossen Albans zu machen, ohne von dem Martyrium durch die Hunnen Attilas abrücken zu müssen:

a) Gozwin vermag zwar in seiner Passio s. Albani die chronologischen Unstimmigkeiten der von ihm rezipierten Alban- und Theonesttradition keineswegs zu entwir-

---

[318] Arens, Inschriften 582f., Nr. 1256 schließt an seine Edition der Inschrift noch einen lateinischen Satz an, aus dem hervorgeht, daß der Stiftsherr der St. Peterskirche, Johannes Unckel, im Jahre 1564 "das Bild wiederherstellen" und zur Erinnerung für die Nachwelt ein "*elogium*" dazuschreiben ließ:
Divo Albano, martyro Moguntino, sacrae aediculae contiguae Patrono Ioannes Unckell, Ecclesiae Sancti Petri Canonicus istas eiconas renovari efficiens, ad piae posteritatis memoriam appictum dedicavit elogium anno Domini 1564".
Die Jahresangabe muß sich nicht, wie Arens (ebd.) meint, auf das gesamte Gedicht beziehen, das somit erst dem 16. Jh. entstammen würde. Denkbar ist nach dem Wortlaut ohne weiteres auch die Wiederherstellung eines alten Gedichtes, wofür die explizit ausgesagte Erneuerung des Bildes spricht. Wahrscheinlicher erscheint mir jedoch noch, daß 1564 alte Verse auf der linken Seite des Bildes mit diesem erneuert und auf der anderen Seite um ein formal entsprechendes Gedicht ergänzt wurden, in dem sich die Vorstellungen der Zeit spiegeln.

[319] Brack, Geschichte 1,456; Friedrich, Kirchengeschichte 1,313; vgl. S. 35 m. Anm. 114.

[320] ActaSS Juni V (De Albano) 76 D.

ren[321], seiner Darstellung, die auch die Aureuslegende einbezog[322], ist jedoch folgender Geschehensablauf klar zu entnehmen:
Aureus sei **vor** der Ankunft Albans und Theonests von häretischen Mainzer Bürgern von seinem Bischofsstuhl vertrieben worden; "*später*" (*postea*) habe er zusammen mit Justina unter Attila das Martyrium erlitten[323].

b) Ebenso schildert Sigehard die Vertreibung des Aureus durch Arianer, die Rückkehr in die zerstört vorgefundene Stadt (wobei durch Anführen des Zeugnisses von Hieronymus die Katastrophe von 406/7 nahegelegt scheint) und anschließend - nach einer unbestimmten Zeit der Glaubensverkündigung - die Passion am Altar durch Hunnen und Arianer im Jahre 454 (richtig 451)[324].

c) Ähnlich läßt ihn schließlich auch das Mainzer Brevier nach seiner Vetreibung und der Zerstörung von Mainz zurückkehren und mit Justina das Martyrium erleiden, wobei der Zeitpunkt aber offen bleibt[325].

---

[321] Vgl. Anm. 484.

[322] Vgl. S. 63 m. Anm. 222.

[323] Gozwin, Passio s. Albani 28 (Basnage 164):
"(Theonest mit Alban u. a.) *invenit eam* (= Mainz) *variis erroribus obnoxiam et haereticae pravitatis sordibus profanatam. Hac de re Aureum pontificali solio et moenibus tunc temporis deturbant, quem* **postea** **Hunorum gladius** *cum sorore, eademque sacra virgine Justina, victimatum Christo Domino ad caelos misit*";
vgl. zur Verbindung mit Attila die Kap. 25 (Basnage 163; MGH. SS 15,2,989) u. 35 (Basnage 165).

[324] Sigehard, Bericht: ActaSS Juni IV,62,2/4; zur von 454 in 451 zu korrigierenden Datierung Sigehards vgl. ebd. 38,7 u. oben S. 35 m. Anm. 114.

[325] Im Mainzer Brevier von 1507 (ad Juni 21 [St. Alban]; zitiert in: ActaSS Oct. XIII (De Theonesto) 338 A) ist die Vertreibung ausdrücklich in der Zeit Albans und Theonests angesiedelt:
"*Cui ecclesie* **tunc** *(*= zur Zeit Albans und Theonests) *prefuit beatus Aureus episcopus, sed ab Arrianis a sede sua expulsus, [...] qui postea eodem reversus cum sorore sua Justina ibidem martyrio coronatus est*".
Im Brevier von 1570 zum 21. Juni (Alban)- einzusehen im bischöflichen Priesterseminar Mainz - fehlt dann die Verbindung von Alban/Theonest- und Aureuslegende. Zum 16. Juni (Aureus), Lectio I, S. 671 findet sich hier aber (ebenso wie im Brevier des Jahres 1611, pars aestivalis zum 16. Juni, S. 502) ein entsprechender Eintrag, der vom vorübergehenden Exil des Aureus - wohl nach der Zerstörung von 406 - berichtet:

Auf die Frage, welcher historische Kern dieser im Laufe der Zeit gewachsenen Aureuslegende tatsächlich zugrunde liegt, kann keine eindeutige Antwort mehr gegeben werden. Für sein Martyrium kommen aus historischer Sicht die Jahre 368, 406/7, 436 und 451 in Betracht[326], wo Angriffe auf Mainz angenommen werden dürfen. Wenn man den Tod des Märtyrers Alban m. E. richtig mit dem Vandaleneinfall vom 30.12.406 in Verbindung bringt, scheinen die späteren Datierungsversuche (436 bzw. 451) der Wahrheit näher zu kommen. Denn gegen ein Zusammenfallen der beiden Martyrien spricht zum einen die Unabhängigkeit der Alban- und der Aureuslegende[327]. Zum anderen erscheint es fraglich, ob man die seit dem Martyrologium des Hrabanus Maurus konstante Tradition über die Beteiligung der Hunnen an der Ermordung des Aureus kurzerhand in dem Sinne relativieren sollte, es seien auf diese Weise stellvertretend andere Germanenscharen bezeichnet. Da die älteste Nachricht nur allgemein von Hunnen spricht, kann sie ohne weiteres auch auf den Zug gegen die Burgunder bezogen werden, der Mainz sicherlich gestreift und nicht unbeschadet gelassen haben wird[328]. Eindeutig in die Zeit Attilas und damit in das Jahr 451, das dann allein in Frage kommt, werden die Ereignisse erst von der St. Albaner Inschrift des elften Jahrhunderts, danach von dem chronologisch teilweise sehr widersprüchlichen Gozwin d. Ä. und schließlich von Sige-

---

"Quo tempore Hunnorum [...] contigit inter caeteros beatum Auraeum [...] **ipsa sede sua pontificali atque urbe pelli,** *quem in* **exilium** *prosecuta est soror eius Iustina sacra virgo [...] (*Nach der Zerstörung der Stadt [*tota eversa*]) *tandem episcopus* **reversus,** *ac dispersas oves colligens".*

[326] Für alle Datierungen lassen sich in der Literatur Vertreter benennen; für 406/7: Brack, Geschichte 1,457; Friedrich, Kirchengeschichte 1,313; Singer, St. Auräus 3; Brilmayer, Rheinhessen 281; Falk, Cataloge 12 u. Älteste Zeit 45; Arens, Kunstdenkmäler 127; zur Mitte des 5. Jh. (d.h. 436 oder 451) tendieren Petrikovits, Altertum 292, der aber auch 386 (wohl verschrieben aus 368) u. 406/7 in Erwägung zieht; Ewig, Bischofsgräber 173, der sich an anderer Stelle (Frühes Mittelalter 36; 38) auf 436 festlegt; Jürgensmeier, Bistum 19 (für 451); Brühl, Palatium 102; Dassmann, Anfänge 47f.; unbestimmter lassen das Ereignis Duchesne, Fastes 3,157 (368, 407 oder "à quelque autre catastrophe", z.B. 451); Opfermann, Aureus-Verehrung 441 ("406 oder 451"); das Martyrologium Romanum (1940) 240 (suggeriert durch Quellenauswahl 368, 406/7 o. 451; vgl. auch Bibliotheca Sanctorum 2 (Rom 1962) 613f.); Büttner, Christentum am Mittelrhein 14 ("5. Jh."); Gierlich, Grabstätten 150 ("Anfang oder Mitte des 5. Jh.").

[327] Büttner, Christentum am Mittelrhein 14.

[328] Vgl. zur Hunnenbedrängnis S. 33/6.

hard versetzt[329]. Da es leicht vorstellbar ist, daß in späterer Sicht unter Hunnen sogleich das Heer Attilas verstanden worden ist, sind Zweifel an dieser recht spät vorfindbaren Tradition durchaus berechtigt, zumal eine Zerstörung von Mainz im Jahre 451 zwar wahrscheinlich, aber keineswegs gesichert ist[330].

Ohne natürlich ausschließen zu können, daß der Tod des Aureus in dieses Jahr fällt, läßt sich für das Jahr 436 jedenfalls anführen, daß die überlieferten Nachrichten aus Legende und Geschichte leichter in Übereinstimmung zu bringen sind: Wenn man der Tradition überhaupt in einigen Punkten Glauben schenken will, könnte folgendes Bild den wahren Kern darstellen:
Es spricht nichts dagegen, daß Aureus tatsächlich schon zur Zeit des Alban, also zu Beginn des fünften Jahrhunderts, Bischof von Mainz gewesen ist. Nachdem er vor der Katastrophe des Jahres 406 von Arianern vertrieben worden war, kehrte er nach der Zerstörung der Stadt zurück und übte das zwischenzeitlich verwaiste Bischofsamt wieder aus. Im Jahre 436 fiel er dann in einer Kirche während einer Feier der heiligen Messe den Hunnen zum Opfer[331].

Nach diesem Versuch, das Wirken des Aureus auf der Basis der Quellen zeitlich einzuordnen, sollen die widersprüchlichen Angaben zum Ort seiner Ermordung und Bestattung überprüft werden. Meist werden Martyrium und Bestattung in der St. Hilariuskapelle angenommen, die im Heiligen Tal (vallis sacra) westlich von Mainz gelegen war[332]. Aus der St. Albaner Inschrift über die Translation von zehn frühen Bischöfen aus St. Hilarius im Jahre 935 geht indes klar hervor, daß die Gebeine des Aureus, dem die Bischöfe zu "collaterales" wurden, sich bereits vorher in

---

[329] Daß Sigehard die Inschrift gekannt haben muß, geht vor allem aus der bei beiden begegnenden Fehldatierung in das Jahr 454 hervor.

[330] Vgl. S. 35f.

[331] Gegen ein Martyrium erst 451 könnte man vorbringen: 1) Es ergäbe sich eine recht lange Amtszeit des Aureus von ca. 50 Jahren, wenn man die Vertreibung - wie es seit der Inschrift "in fronte sacelli" einhellige Tradition ist - z. Z. Albans (d.h. um 405) annehmen möchte; 2) die Martyrien von Alban und Aureus lägen entgegen der Vorstellung in der Legende sehr weit auseinander; 3) der von den Bischofslisten bezeugte Nachfolger des Aureus Maximus ließe sich nur schwer noch nach 451 in die Geschichte der Mainzer Kirche einordnen (vgl. Kap. 3.5.2.).

[332] Vgl. zu St. Hilarius oder ggf. einem Vorgängerbau S. 43.

St. Alban befanden[333]. Man mußte also eine frühere Überführung dieses Heiligen annehmen und fand den Anlaß in der am 1.12.805 erfolgten Weihe des Neubaus durch den Mainzer Erzbischof Richulf. Zum ersten Male begegnet die Ansicht von Martyrium und Bestattung in St. Hilarius wohl bei J. Latomus und N. Serarius[334], die offenbar die Angaben des Mainzer Breviers von 1570, in dem der Ort des Martyriums noch nicht explizit angegeben wird, aber von einer Translation nach St. Alban die Rede ist[335], daraufhin ausdeuten. Quelle des Breviers und damit letztlich aller nachfolgenden Autoren, die ebendiese Auffassung vertreten[336], ist vor allem

---

[333] Vgl. S. 55f.

[334] Latomus, Catalogus 426 (zu Latomus [1524/1600], dem Stiftsherrn von St. Bartholomaeus in Frankfurt, vgl. Allgemeine Deutsche Biographie 18, Leipzig 1883, 14):
"*Caeterum fama habet in sacello prope Dalheim (= St. Hilarius) hanc caedem factam, cum civitas adhuc ibi ita esset, in cuius rei memoriam illic altare, sanguine martyrico infectum, monstratur, similiter et puteus, in quem cum sorore sit praecipitatus*"; (ein kurzer Auszug auch in ActaSS Juni IV,38 A);
auf Latomus bezieht sich Serarius 106: "*Nam in eo (sc. templo S. Hilarii) adhuc altare est, ad quod S. Martyr Aureus interfectus est*".
Wenn Gierlich, Grabstätten 153, die Tradition von Ermordung und Bestattung des Aureus in St. Hilarius auf die Förderung des Aureus-Kultes unter dem Erzbischof Johann Adam von Bicken (1601-1604) zur Zeit des Serarius zurückführt, übersieht er, daß dieser bereits Latomus rezipiert.
Zur angeblichen Überführung nach St. Alban unter Richulf vgl. Serarius 252 unter Verwertung des Mainzer Breviers zum 16. Juni; vgl. Arens, Kunstdenkmäler 127f.

[335] Breviarium Moguntinum (1570) zum 16. Juni, Lectio II, S. 671:
"(Ariani) *praesulem in altari sacra facientem crudelissime cum sorore trucidant atque* **in puteum vicinum praecipitant**. *In quo cum per multos annos ruderibus obruti iacuissent,* **ab Richulpho archiepiscopo [...] in coenobium Divi Albani** *(quod splendissime exaedificaverat) honorifice sunt translati*".
(ein kurzer Auszug auch in ActaSS Juni IV,39).

[336] Die Fortpflanzung dieser Information mag ein Beispiel verdeutlichen: Ewig, Bischofsgräber 171 belegt die These von der Translation des Aureus im Jahre 805 mit einem Verweis auf Schreiber, Dalheim 19 (richtig: 22!), der wiederum Singer, St. Auräus 5 anführt; dieser bezieht seine Information aus dem Breviarium Moguntinum Proprium ad 16. Juni, welches er wiederum selbst auf Goswin und Sigehard zurückführt;
vgl. zur "Translation" von 805 etwa auch Brack, Geschichte 1,457; Falk, Heiliges Mainz 268f.; ders., Älteste Zeit 47; Brilmayer, Rheinhessen 220; Opfermann, Aureus-Verehrung 441; Ledroit, Christentum 153; Arens, Kunstdenkmäler 127f.; Ewig, Patrozinien 160.

Sigehard von St. Alban[337]. Dieser berichtet tatsächlich von einer Umbettung des Aureus und anderer Heiliger im Jahre 805 anläßlich der Weihe des Neubaus der St. Albansbasilika, der von Erzbischof Richulf "*mit großem Aufwand über der Asche des hl. Alban*" begründet worden war[338]:

"*Richolphus [...] ließ die Körper sowohl des seligen Alban als auch der heiligen Aureus und Justina, ihrer Gefährten und vieler anderer Heiliger mehr geziemenden und ansehnlichen Gräbern (so wie es später vorgefunden wurde) anvertrauen, insgeheim und unter Mitwissen nur weniger*"[339].

Zunächst könnte man diese "*zweite Beerdigung der Heiligen*[340]" so verstehen, daß die Gebeine des Aureus und anderer Heiliger aus der Kapelle St. Hilarius, der frühen Bischofsgrablege, in die neue St. Albansbasilika überführt worden seien. St. Hilarius als Ort des Martyriums und der Bestattung anzunehmen, lag schon deshalb nahe, da die Kapelle seit Sigehard als die erste Kathedrale von Mainz galt und die näheren Angaben zum Tod des Aureus gut auf diese zu beziehen wären:

"*Als er, **am Altar stehend, die Messe feierte**, [...] stürzte plötzlich eine Horde von Hunnen und zugleich Arianern hinein, umringten ihn und die Gläubigen, die bei ihm waren: Und indem sie gegen die Heiligen Gottes die Schwerter und Waffen ih-*

---

[337] Die Abhängigkeit von Sigehard, der seinerseits Teile von Gozwin d.Ä. und Goswin d.J. übernommen hat (vgl. bes. S. 62/4. m. Anm. 223 u. 225), zeigt sich deutlich etwa darin, daß das Mainzer Brevier (Breviarium von 1570 zum 16. Juni, Lectio III, S. 672 oder das von 1611, Pars aestivalis, S. 503) die Schilderung von der Auffindung der Heiligen bei der Fußbodenerneuerung des Jahres 1137 teilweise wörtlich übernommen hat; Goswin, Inventio: ActaSS Juni IV,50,1; Sigehard, Bericht: ActaSS Juni IV,63,8;.

[338] Vgl. zu St. Alban S.45.

[339] Sigehard, Bericht: ActaSS Juni IV,62/3,6 F/A:
"*anno [...], qui fuit [...] octingentesimus quintus [...], cum memorandus ille Richolphus [...] **super sacros cineres B. Albani** Martyris Ecclesiam sumptuoso opere, sicut hodie cernitur, fundaret, **tam B. Albani quam etiam sanctorum Aurei et Justinae sociorumque eorum ac multorum aliorum Martyrum corpora loculis magis decentibus et honestis** (sicut postea repertum est) commendare curavit; occulte tamen et sub paucorum testimonio [...]*";
entgegen der Punktion von D. Papebrochius kann die letzte Angabe nicht auf die im folgenden Satz berichtete Translation zu beziehen sein, die doch von einem großem Publikum begleitet worden sei.

[340] Sigehard, Bericht: ActaSS Juni IV, 63,6 A: "*secundam inhumationem Sanctorum*".

rer Wut richteten, suchten sie zuerst den seligen Bischof heim, den sie in grausamer Weise hinschlachteten, dann die verehrenswerte Jungfrau Justina mit den übrigen Gläubigen, die gleichermaßen dabeistanden"[341].

Daß Aureus also mit seiner Schwester Justina[342] während der Feier der heiligen Messe überfallen wurde, könnte in der Tat auf die Bischofskirche als Ort des Geschehens hinweisen. Eine Beziehung auf St. Hilarius verbietet sich jedoch aus dem Grund, daß der Schluß Sigehards, es habe sich bei dieser Kirche um die erste Mainzer Kathedrale gehandelt, auf falschen Voraussetzungen beruht und abzulehnen ist[343]; die Bischofskirche befand sich vielmehr schon seit dem vierten Jahrhundert im Bereich des heutigen Doms[344].

Entgegen der von ihm ausgehenden Tradition lassen die Aussagen Sigehards bei genauerem Hinsehen aber keinen Zweifel daran aufkommen, daß Aureus in St. Alban selbst sowohl gestorben als auch beerdigt worden ist. Während schon die Nennung des hl. Alban, "auf dessen Asche" die Kirche errichtet war, unter den 805 Transferierten ausreichend klarstellt, daß es sich lediglich um eine Umbettung innerhalb des St. Alban-Komplexes gehandelt haben kann, äußert er sich an anderer Stelle unzweideutig:

"(Schon früher) als in der gesamten Welt der Sturm der Verfolgung grassierte, [...] ist bekanntlich eine unbestimmte Schar von Heiligen, die das Martyrium für Christi Namen erlitten haben, auf dem Berg außerhalb der Stadtmauern beerdigt worden, wo sich nun die Kirche St. Alban befindet, der bei den Heiden 'Marsberg' genannt wurde [...] und den die Christen passend 'Märtyrerberg' [...] genannt haben [...].

---

[341] Sigehard, Bericht: ActaSS Juni IV,62,4 E:
"*Ubi dum **ad altare stans Missarum solemnia celebraret**, seque ipse contrito corde et humiliato mactans offerret Domino; repente turba Hunnorum pariterque Arianorum irruentes, circumdederunt eum, nec non et fideles qui erant cum eo: et in Sanctos Dei gladios furoris sui et arma convertentes primun beatum Aureum crudeliter trucidatum, deinde venerabilem Virginem Justinam ceteris fidelibus qui pariter adstabant [...]*".
Der Bericht Sigehards stimmt grundsätzlich mit der Ortsangabe im Martyrologium Hrabans "in ecclesia" überein (vgl. S. 80), was aber wohl weniger die Richtigkeit, als eher die Abhängikeit Sigehards von Hraban bestätigen kann.

[342] Fraglos ergäbe die Variante, nach der ein Diakon Justinus an der Seite des Aureus das Martyrium erlitt, in diesem Zusammenhang einen besseren Sinn.

[343] Vgl. S. 12f; 43f. m. Anm. 152.

[344] Vgl. zur Mainzer Bischofskirche S. 41f.

*Deshalb wurden die heiligsten **Leichname der seligen Aureus, Justina und ihrer Gefährten beim obengenannten 'Märtyrerberg'** so weit, wie es die zeitlichen Umstände nur zuließen, in ehrenvoller Weise **beigesetzt**; dort lagen sie während langer Zeit, den übrigen Menschen unbekannt und deswegen gleichsam ohne Ehre ungeachtet und verworfen [...]"*[345].

Nach Sigehard wurden Aureus und Justina also auf dem 'Märtyrerberg'[346] beigesetzt, vermutlich in der römerzeitlichen Albansbasilika, die es zum Zeitpunkt seines Todes bereits über dem Grab des hl. Alban gegeben haben wird. Die aufgrund der schwierigen Zeitverhältnisse nur bescheidenen Gräber, deren Verehrung zudem in der Folgezeit zurückging, wurden im Jahre 805 an eine würdigere Stelle im soeben fertiggestellten Neubau verlegt[347].

Die von Sigehard gebotenen Informationen erscheinen mir in den Grundzügen durchaus glaubwürdig, da er als Mönch von St. Alban die Geschichte des Klosters zumindest seit dem Neubau Richulfs gekannt haben dürfte. Er weiß nichts von einer Translation des Aureus aus St. Hilarius im Jahre 805 und rechnet diesen vielmehr zu den von Anfang an auf dem Mons-Martyrum bestatteten Märtyrern. Da

---

[345] Sigehard, Bericht: ActaSS Juni IV,62,5:

"(Iam olim quidem), fervente universo orbe persecutionis procella [...] infinita Sanctorum agmina, Martyrium pro Christi nomine passa in monte ubi nunc est ecclesia S. Albani extra muros urbis, qui apud Gentiles Mons-Martis vocabatur, constat esse sepulta [...] quem [...] Christiani [...] Martyrum montem [...] congrue appellarunt [...].
*Sanctissima itaque **Beatorum Aurei, Justinae, Sociorumque corpora ad Montem-Martyrum** superius dictum, secundum exigentiam et qualitatem temporis, admodum **honorifice sunt humata**; ubi per multa temporum curricula jacuerunt, hominibus ceteris incognita et propterea quasi sine honore despecta et abjecta [...]".*

[346] Die Erhebung, wo sich die Mainz umgebende Hügelkette von Süden der Stadt nähert, die bei den Römern 'Marsberg' hieß, erhielt in christlicher Zeit (kaum schon, wie D. Papebrochius meint, nach der Diokletianischen Verfolgung) den Namen 'Märtyrerberg' und gegen Ende des 8. Jh. 'Albansberg' (auch 'Michelsberg', 'Victorsberg' u. 'Allerheiligenberg'); vgl. D. Papebrochius: ActaSS Juni V (De Albano) 76,8 F; Schaab, Geschichte 1,13.

[347] Da auch viele christliche Grabsteine des 5./7. Jh. in den Fundamenten vermauert wurden (vgl. Selzer, St. Alban: Führer 152; Dassmann, Anfänge 53), könnte man beim Abräumen der sicher bis dahin noch oberirdisch sichtbaren Steindenkmäler auf die fast vergessenen Märtyrer Aureus und Justina gestoßen sein.

Sigehard über den Ort der Ermordung des Aureus schweigt, ist auch denkbar, daß dieser nicht in St. Alban, sondern im Vorgängerbau der späteren St. Martinskathedrale das Martyrium erlitt, falls die alte Bischofskirche die Zerstörung von 406/7 überdauert hatte. Daß Aureus dann aber auf jeden Fall in St. Alban und nicht wie seine Vorgänger und Nachfolger in St. Hilarius beigesetzt wurde, kann mit seiner besonderen Stellung als Märtyrer begründet werden. Denn als Ruhestätte eines wegen seines Glaubens erschlagenen Bischofs konnte doch kaum ein besser geeigneter Ort gefunden werden als die stattliche St. Albansbasilika, die wohl erst kurz zuvor auf den Gräbern des hl. Alban und anderer Märtyrer errichtet worden war[348].

Zusammenfassend hat die Untersuchung über Aureus, den ersten durch hagiographische Nachrichten recht gut bezeugten Mainzer Bischof, zu folgenden Ergebnissen geführt: Ohne Zweifel ist er in die erste Hälfte des fünften Jahrhunderts zu datieren. Nach Abwägung aller Informationen scheint es mir eher stimmig, sein Martyrium mit dem Überfall der Hunnen auf die Burgunder im Jahre 436 als mit dem Attilafeldzug von 451 in Verbindung zu bringen. Nachdem er vielleicht seit dem Anfang des fünften Jahrhunderts - mit einer vor 404 beginnenden Unterbrechung unbestimmter Länge - das Bischofsamt ausgeübt hatte, wurde er wohl in der Kathedrale oder in der St. Albansbasilika von Hunnen ermordet. Als Bestattungsort wählte man die St. Albansbasilika, wohin 935 auch die zehn frühen Bischöfe aus St. Hilarius überführt wurden.

3.5.2. Maximus

Über den nach Aureus genannten Bischof Maximus sind keine Nachrichten erhalten[349], wenn man von der völlig unzuverlässigen "Vita Maximi" des Trithemius

---

Zum weiteren - mit den zehn überführten Bischöfen verbundenen - Schicksal der Heiligen, d.i. der Beisetzung im nördlichen Teil der Kirche (935), der Auffindung (1137) sowie der Erhebung und Überführung zum Hauptaltar (1297) vgl. S. 55/62.

[348] Das Argument Ewigs, Bischofsgräber 172; 181, die von Sidonius im sechsten Jahrhundert trotz der Bedeutung von St. Alban wieder aufgenommene Tradition der Bischofsbestattung in St. Hilarius habe ihren Grund darin, daß sich ebendort das Grab des Aureus befunden habe, ist nicht zwingend.

[349] Vgl. Martyrologium Romanum (1940) 531; Ewig, Bischofsgräber 173; Dassmann, Anfänge 47f.

absieht[350]. Er gilt aufgrund seiner Position in den Bischofslisten[351] als der letzte Bischof der römischen Zeit, die in Mainz mit der anzunehmenden Zerstörung durch Attila und endgültig mit dem Tod des Aetius im Jahre 454 zu Ende ging[352]. Wenn es zutrifft, daß der Tod des Aureus in das Jahr 436 fällt, dürfte der Pontifikat des Maximus etwa zu dieser Zeit oder wenig später begonnen haben. Spätestens nach der Übernahme der Herrschaft durch die noch unbekehrten Franken im Jahre 456, eher aber bereits nach dem Attilafeldzug von 451 ist jedoch mit dem Abreißen der Kontinuität des Bistums zu rechnen[353], so daß Maximus höchstens bis in die Anfangsjahre des sechsten Jahrzehnts im Amt gewesen sein kann.

Daß er zu den im Jahre 935 von St. Hilarius nach St. Alban transferierten Bischöfen gehört haben wird, kann vielleicht die in diesem Punkt glaubwürdige Nachricht des Trithemius bestätigen, nach der die Hälfte der Gebeine des Maximus durch Albrecht von Brandenburg, den Erzbischof von Mainz und Magdeburg, im Jahre 1515 von St. Alban nach Halle übertragen worden ist[354].

---

[350] Vgl. dazu S. 65f. m. Anm. 232f.; die Vita Maximi, welche Arnold, Trithemius 159 als "ärmliches Machwerk" betitelt, schrieb Trithemius im Jahre 1516 anläßlich einer Translation von Reliquien des Maximus aus St. Alban nach Halle; dieser habe im Jahre 354 als Nachfolger des Lucius Annaeus das Amt des Mainzer Bischofs angetreten und sei nach einem äußerst gottgefälligen Leben, in dem er 7 Mal die Vertreibung durch Arianer habe ertragen müssen, im Jahre 378 gestorben; vgl. die Inhaltsangaben des 'Martyrologium Romanum illustratum ex opere Bollandiano ex notis Em. Mi. Caesaris Baronis' in der Appendix bei L. Surius, Historiae seu vitae sanctorum iuxta optimam Coloniensem editionem (Turin ^{4}1875/80) 1025* zum 18. Nov. u. Silbernagel, Trithemius 202f.; an der Vita orientiert sich die Darstellung von Ledroit, Christentum 156.

[351] Nach Ewig, Bischofsgräber 173 spricht für die Richtigkeit der Reihenfolge Aureus - Maximus "die innere Wahrscheinlichkeit, daß man sich in Mainz in der Zeit des Sidonius (6. Jh.) noch an die letzten Bischöfe der Römerzeit erinnerte" (Ohne die Reihenfolge in Frage stellen zu wollen, muß dazu allerdings angemerkt werden, daß die vorliegenden Listen erst Jahrhunderte nach Sidonius verfaßt worden sind).

[352] Heinemeyer, Erzbistum 9f.; vgl. S. 36.

[353] Vgl. S. 39f.

[354] Vgl. Anm. 350. Wie die Reliquien des Maximus identifiziert werden konnten, verschweigt Trithemius; vgl. Gierlich, Grabstätten 154 m. Anm. 44.

3.5.3. Sidonius

Der auf Maximus folgende Sidonius[355] ist der erste wirklich bekannte und historisch eindeutig fixierbare Mainzer Bischof. Wie im historischen Teil dargestellt, trat er sein Amt im sechsten Jahrhundert nach einer fast 100-jährigen Unterbrechung der Bischofssukzession an. Erst als die Franken, die bis zum Ende des fünften Jahrhunderts das Mittelrheingebiet ganz in ihren Herrschaftsbereich einbezogen hatten, - nach dem Sieg Chlodwigs über die Alamannen und seiner anschließend (Weihnachten 498/9) durch Remigius von Reims empfangenen Taufe - den christlichen Glauben in katholischer Form annahmen[356], stellten sich für die Erholung der Mainzer Kirche von den Schwächungen des fünften Jahrhunderts wieder günstigere Rahmenbedingungen ein. Wenn auch der Traditionsfluß des Christentums seit der Antike nie versiegt war, bedurfte die Kirche als Organisation doch einer völligen Erneuerung[357].

Dem ersten Mainzer Bischof der frühmittelalterlichen Zeit Sidonius sind drei Gedichte des wandernden Dichters Venantius Fortunatus gewidmet, der im Jahr 565 an den Hof Sigiberts I. (561-575), des Merowingerkönigs von Austrasien, nach Metz kam und etwa 566/7 Mainz besuchte[358]. Dort muß Sidonius schon eine geraume Zeit gewirkt haben, so daß sein Amtsantritt wohl schon vor der Mitte des sechsten Jahrhunderts angesetzt werden darf. Wie aus dem schon in weiten Teilen zitierten Gedicht 9,9 hervorgeht, nahm Sidonius die Fäden der Römerzeit wieder auf und machte dem "alten Verfall" ein Ende[359]. Als für die Wirkungsgeschichte wichtigste Leistung erneuerte er die "templa vetusta", von denen offenbar in einigen Fällen noch Bausubstanz vorhanden war. Auf die Frage, welche Kirchen restauriert oder neu errichtet wurden, gibt Venantius Fortunatus in zwei Fällen kon-

---

[355] Die Lesarten Sindonius (Series Ia), Sydonius (VI; Sigehard) u. Sedonius (VII) stellen offensichtlich Verschreibungen dar.
[356] Vgl. Ewig / Schäferdiek, Expansion 119/27; Schäferdiek, Germanenmission 535f.; Dassmann, Germany 349. Nach Gregor von Tours, Historia Francorum 2 (MGH. SRM 1,1², 77) ließen sich zusammen mit dem König mehrere Tausend aus dem Heer, darunter sicher viele fränkische Große, taufen; vgl. Heinemeyer, Erzbistum 65.
[357] Vgl. zur Situation der Kirche am Anfang des 6. Jh. etwa Büttner, Mainz im Mittelalter 1/4; Jürgensmeier, Bistum 20f.
[358] Vgl. S. 38, Anm. 125.
[359] Vgl. S. 38 m. Anm. 126.

krete Auskunft. Carm. 2,12 handelt von einer unter Sidonius gegründeten St. Georgskirche:

"*Die Halle des ausgezeichneten Märtyrers Georg erglänzt,*
dessen hohe Ehre sich in dieser Welt verbreitet.
[...]
Denke also daran, Wanderer, (hier) Bitten und Gebete vorzutragen.
[...]
Der Bischof Sidonius hat in geziemender Schönheit diese neue Kirche[360] *gegründet, die seiner Seele Nutzen bringen möge"*[361].

Die auf Sidonius zurückgeführte Basilika wird heute meist mit der vor Kastel gelegenen alten Zömeterialkirche und bis ins 16. Jahrhundert als Pfarrkirche genutzten St. Georgskirche identifiziert[362], die E. Ewig für die wahrscheinlich erste Kirche im Rechtsrheinischen überhaupt hält[363]. Die Erwähnung vorbeikommender Reisender ("*viator*") ist jedenfalls gut auf diese zu beziehen, da sie sich an der Ausfallstraße in Richtung Wiesbaden befand.

---

[360] "nova templa" ist an dieser Stelle sicherlich ein poetischer Plural, da mit "ista" allein auf die Georgsbasilika verwiesen sein dürfte.

[361] Venantius Fortunatus, Carm 2,12,1f; 7; 9f. (MGH. AA 4,1,41):
"*De basilica S. Georgi*
Martyris egregii pollens micat aula Georgi
  cuius in hunc mundum spargitur altus honor.
[...]
ergo memento preces et reddere vota, viator.
[...]
condidit antistes Sidonius ista decenter,
  proficiant animae quae nova templa suae".

[362] Ein entsprechender Vorschlag findet sich etwa bei Ewig, Patrozinien 157f.; Falck, Bistum 7; Heinemeyer, Erzbistum 53; Jürgensmeier, Bistum 21. Falk, Jahrtausend 6 beschreibt die von Sidonius gegründete Kirche ohne Vermutung noch als "der Lage nach uns nicht mehr bekannt".

[363] Ewig, Raum 294; sie lag auf demselben römisch-fränkischen Friedhof, auf dem der römische Soldat und Märtyrer Ferrutius beigesetzt war; vgl. zu dem noch wenig untersuchten Ferrutius, dessen Gebeine von Erzbischof Lullus im 8. Jh. in das Kloster Bleidenstadt im Taunus übertragen wurden, Hrabanus Maurus, Carm. 70 (MGH. PL 2,225); ActaSS Oct. XII,530/43; Falck, Mainz 5; 7; Dassmann, Anfänge 55 m.Anm. 156: (Lit.); Staab, Ferrutius (Lit.).

In Carm. 2,11 lobt der Dichter den Bischof Sidonius und Berthoara, die Tochter Theudeberts I., der von 533-547/8 die östlichen Teile des Frankenreiches regierte[364], für die Errichtung eines neuen Baptisteriums:

"*Hochragend glänzt die Halle der heiligen Taufe,
in welchem Wasser Christus das Vergehen Adams abwäscht.
[...]
Diese 'Burg' hat der Bischof Sidonius errichtet,
der die Verehrung Gottes durch Erneuerung der Kirchen fördert.
Gebaut hat sie der Priester nach einem Gelübde der Berthoara*[365],
*die als Zierde der Kirche aufgrund ihrer Herzensliebe gefällt.
Glanz des katholischen Glaubens, glänzend durch Frömmigkeit,
Pflegerin der Kirchen, großzügig gegenüber den Armen,
[...]
eine deiner, des Vaters, würdige Tochter, Theudebert, die (alles) erneuert*[366],
*[...]
du Stütze der Kirche, Ehre der Könige, Hirte der Bedürftigen,
Sorge um die Priester, entschlossen zu allem Guten [...]*"[367]!

---

[364] Vgl. zum geschichtlichen Hintergrund Ewig, Merowinger 36/40.

[365] Die Stelle ist textkritisch problematisch; unter Berücksichtigung der Metrik kommt kommt m.E. am ehesten eine Reparatur in folgendem Sinne in Frage: "*Berthoara votum conplente*", d.h. Berthoara löste ein Gelübde ein.

[366] Möglich ist auch eine Beziehung von "*reformans*" als Vokativ auf Theudebert.

[367] Venantius Fortunatus, Carm. 2,11,1f.; 7/12; 15; 19f. (MGH. AA 4,1,40f.):
"*De baptisterio Magantiae
Ardua sacrati baptismatis aula coruscat,
    quo delicta Adae Christus in amne lavat.
[...]
hanc tamen antistes Sidonius extulit arcem,
    qui domini cultum templa novando fovet.
struxit Berthoarae voto conplente sacerdos,
    quae decus ecclesiae cordis amore placet.
catholicae fidei splendor, pietate coruscans,
    templorum cultrix, prodiga pauperibus
[...]
filia digna patri te, Theudeberethe, reformans,
[...]*

Die merowingische Prinzessin Berthoara, die zeitweise in Mainz residiert haben wird[368], trug offenbar maßgeblichen Anteil am Bau eines Baptisteriums, den E. Ewig "nicht allzu lange vor 565/7" ansetzt[369]. Ob es sich dabei um einen wirklichen Neubau oder um die Wiederherstellung des alten Baptisteriums im Westen der spätrömischen Bischofskirche gehandelt hat, geht aus dem Gedicht nicht eindeutig hervor[370]. Jedenfalls darf vermutet werden, daß dem Bau der Taufkirche die dringlichere Erneuerung der zugehörigen Kathedrale und wohl auch einer Katechumenenkirche, welche die Kathedralgruppe vervollständigte, vorausgegangen ist. Für eine Neubegründung des Domes zu dieser Zeit kann im Martinspatrozinium, das erst seit dem Beginn des sechsten Jahrhunderts Verbreitung fand, eine Bestätigung gefunden werden[371].

Noch weitere Heiligtümer, insbesondere die Zömeterialkirchen vor der Stadt, verdanken ihre (Neu-) Gründung mit hoher Wahrscheinlichkeit dem Bischof Sidonius[372]. Auch hier wird ihn Berthoara, die "Pflegerin der Kirchen", unterstützt ha-

---

ecclesiae fultor, laus regum, pastor egentum,
  cura sacerdotum, promptus ad omne bonum".

[368] So Ewig, Patrozinien 154; Falck, Mainz 6; Dassman, Anfänge 49; skeptisch dagegen Brühl, Palatium 92.

[369] Ewig, Patrozinien 154.

[370] Für einen Neubau spricht sich Ewig, Patrozinien 156 aus; für eine Restauration Falck, Mainz 6; vgl. Heinemeyer, Erzbistum 14, Anm. 36.

[371] Ewig, Patrozinien 154 datiert die Entstehung der Kathedralgruppe in die Zeitspanne von 550/565; das Patrozinium der heutigen evangelischen Pfarrkirche St. Johannis, die wahrscheinlich am Ort des alten Martinsdomes steht, könnte auf das Baptisterium zurückgehen. Nach dessen Untergang und dem von Willigis durchgeführten Neubau des heutigen Martinsdomes ist der Name möglicherweise auf die alte, nunmehr ersetzte Kathedrale übergegangen; vgl. zur Bischofskirche S. 41f., bes. Anm. 135; 142.

[372] Ewig, Raum 290 hält auch die Kirchen St. Hilarius im Heiligen Tal, St. Theomast, St. Peter, St. Clemens am Römerhafen u. St. Maria in campis für Gründungen oder Instandsetzungen des Sidonius. Von diesen weist der Patron der frühen Bischofsgrablege St. Hilarius deutlich in die Zeit des Sidonius, der offenbar eine enge kultische Verbindung zwischen St. Hilarius ("Sitz der verstorbenen Bischöfe") und St. Martin ("Sitz der lebenden"), den Patronen des Merowingerreiches, herstellen wollte; Ewig, Patrozinien 161; vgl. zu St. Hilarius S. 43.
Ob die Patrozinien der Kirchengründungen in den ehemaligen Kastellorten (St. Georg in Alzey, St. Martin in Bingen und Bad Kreuznach) sowie St. Georg in Heidesheim als Hinweise auf einen frühen Mainzer Einfluß in der südwestlichen Region der Bischofsstadt gewertet werden können und vielleicht sogar schon auf Sidonius selbst zurückgehen, ist nich nachweisbar; vgl. Heinemeyer, Erzbistum 53; 57; 73f.; vgl. F. Staab, Un-

ben. Die Zusammenarbeit mit dem Königshaus beschränkte sich aber kaum auf die Tochter Theudeberts I. (533-547). Schon über diesen schreibt nämlich sein Sohn Theudebald (548-555) im Jahre 547 an den byzantinischen Kaiser Justinian, er habe heidnische Kultstätten durch christliche Kirchen ersetzt[373]. In Entsprechung dazu preist Venantius Fortunatus im oben zitierten Gedicht neben Berthoara auch ihren Vater Theudebert selbst im Zusammenhang mit Mainz als Förderer der Kirche. Da die Erneuerung des Bistums fest mit dem Namen Sidonius verbunden ist, scheint dieser demnach bereits zur Zeit des 547 gestorbenen Merowingers im Amt gewesen zu sein[374].
Auch wenn man in der Herrscherpanegyrik mit einer gewissen topischen Übertreibung des Dichters rechnen muß, wird bereits die kirchlich-weltliche Verschmelzung deutlich, die im Merowingerreich charakteristisch werden sollte[375].
Daß dem Bischof auch weltliche, in den staatlichen Bereich hineinragende Aufgaben zufielen, zeigt die von Venantius Fortunatus bezeugte Uferbegradigung des Rheines durch Sidonius[376]. H. Büttner sieht für den Aufgabenzuwachs des Bischofs eine Vorbildfunktion des gallofränkischen Episkopats, wo ebenfalls die Kirche mit ihrer aus der Antike übernommenen Organisation die Schwächen des fränkischen Staates ausgleichen mußte. Das die Stadt auf Dauer prägende schöpferische Wirken des Sidonius entspricht in vielerlei Hinsicht dem des Nicetius in Trier. Dieser wur-

---

tersuchungen 196f., nach dessen Vermutung auch die Bretzenheimer St. Georgskirche aus der Zeit des Sidonius stammen könnte.

[373] Epistolae Austrasicae, Nr. 18: MGH. Ep. 3,132,3/5:
"pro christianae religionis intuitu, non, ut scribitis, loca sacrosancta distituit, sed magis pagana consumpta excidio suis, Christo auctore, temporibus in meliore culmine revocavit";
vgl. v. Petrikovits, Germania 626; Dassmann, Anfänge 166.

[374] Gegen diese m.E. überzeugende Interpretation von Carm. 2,11,15/21, die sich etwa bei Duchesne, Fastes 3,157; Neuss, Anfänge 25; Ewig, Bischofsgräber 172; Brück, Sidonius 735; Dassmann, Anfänge 48 findet, wendet bereits Brack, Geschichte 458f. und nach ihm Heinemeyer, Erzbistum kritisch ein, daß aus den Versen nicht unbedingt eine Gleichzeitigkeit von Theudebert I. und Sidonius abgeleitet werden muß und daher dessen Pontifikat auch unter einem Nachfolger Theudeberts I. begonnen haben kann.

[375] Vgl. Jürgensmeier, Bistum 21f.
Mit der nachdrücklich vom Königtum geförderten Neubegründung des Mainzer Bistums unter Sidonius fallen nach Heinemeyer, Erzbistum 72/4 bereits die ersten adligen Kirchengründungen und der Beginn des fränkischen Eigenkirchenwesens in Rheinhessen zusammen. "Offenbar wirkten [...] bei der kirchlichen Erschließung Rheinhessens seit der Mitte des sechsten Jahrhunderts König, Adel und Bischof zusammen".

[376] Venantius Fortunatus, Carm. 9,9,27; zitiert auf S. 38 m. Anm. 126.

de vom ältesten Sohne Chlodwigs Theuderich I. (511-533), zu dessen Herrschaftsbereich auch einige innergallische Gebiete, unter anderem die Auvergne und Aquitanien, gehörten[377], in der ersten Hälfte des sechsten Jahrhunderts mit anderen gallorömischen Klerikern aus der Auvergne nach Trier gesandt[378]. Möglicherweise darf diesen auch Sidonius zugerechnet werden, dessen Name auf eine Herkunft aus Aquitanien schließen läßt, von wo er über Trier schließlich nach Mainz gekommen sein könnte[379]. Als Anlaß für das Verlassen seiner Heimat kommen etwa die Ereignisse nach dem Jahre 532 in Betracht, als Theuderich I. gegen die im Vorjahr abgefallenen Arverner vorging, aus den führenden Kreisen der Adelsopposition zahlreiche Geiseln nahm und diese teilweise deportieren ließ[380]. Daß Sidonius jedenfalls einem alten Adelsgeschlecht entstammte, darf als sicher gelten, da dies bei fast allen gallischen Bischöfen jener Zeit zutraf[381].

Wie Nicetius in Trier und Carentinus in Köln in der Mitte des sechsten Jahrhunderts die Kirchen erneuerten[382], gelang es Sidonius also in eindrucksvoller Weise die Mainzer Verhältnisse wieder zu ordnen und eine neue Blüte der Stadt herbeizuführen, deren "Quasi-Stadtherr" er geworden war[383]. Während der Anfang seines bedeutenden Pontifikats nach dem Dargestellten schon in die erste Hälfte des sechsten Jahrhunderts zurückreichen kann, lebte er ohne Zweifel noch zur Abfassungszeit der Gedichte des Venantius Fortunatus 566/7. Ein sicherer Terminus ante

---

[377] Vgl. Ewig, Merowinger 31f.

[378] Zur Herkunft des Nicetius vgl. Büttner, Mainz im Mittelalter; Dassmann, Anfänge 82/4; 102.

[379] So Ewig, Patrozinien 155; ders. Raum 290, der an ein unter Theuderich I. eingerichtetes "Missionsseminar in Trier" denkt, "aus dem sich die ersten rheinischen Bischöfe rekrutierten"; vgl. Falck, Geschichte: Führer 64.

[380] Staab, Untersuchungen 189; 194 mit Verweis auf Gregor von Tours, Historia Francorum 3,9/16 (MGH. SRM 1,1^2,106/18).

[381] Falck, Mainz 7; Staab, Untersuchungen 194 m. Anm. 134 bemerkt, daß der Name Sidonius für eine angesehene Familie im aquitanischen Adel charakteristisch ist.

[382] Zu Carentinus vgl. Dassmann, Anfänge 116; 125; Falck, Mainz 7.

[383] Jürgensmeier, Bistum 22; vgl. Dassmann, Anfänge 49; Brück, Sidonius 735 lobt ihn als "Typ des fränkischen Bischofs, der in gleicher Weise seinen religiösen wie auch seinen öffentlich-rechtlichen und sozialen Aufgaben gerecht wurde".

quem seines Todes ist erst durch das Jahr 589 angegeben, in dem bereits sein Nachfolger Sigimundus als Mainzer Bischof bezeugt ist[384].

3.5.4. Sigimundus

Nach Sidonius, dessen Name der einzige gallorömische bleibt, erscheinen in den Listen lediglich noch germanische Namen. Sein erster Nachfolger war Sigimundus[385], der als Träger eines burgundischen Königsnamens kein Franke, sondern Burgunde gewesen sein dürfte[386]. Nach E. Ewig legen die politischen Umstände nahe, daß er um das Jahr 587 nach Mainz gekommen ist. Zu dieser Zeit versuchte nämlich die fränkische Königin Brunichild (567-613)[387] nach einer Rebellion der oppositionellen Großen ihre Macht und die ihres Sohnes Childebert II. (575-596) mit Hilfe ihres Schwagers Gunthram von Burgund (561-592) zu sichern.

Ein "Magnatenschub" erging zu diesem Zwecke aus Burgund in das fränkische Ostreich, zu dem auch Sigimundus gehört haben könnte[388]. Einem solchen recht späten Datierungsansatz steht jedoch entgegen, daß sich für die Amtsdauer seines unmittelbaren Vorgängers Sidonius, falls dieser tatsächlich schon unter Theudebert nach Mainz kam, somit eine recht lang erscheinende Spanne von etwa 50 Jahren ergäbe; gänzlich unrealistisch wäre sie freilich nicht.

Eine sichere zeitliche Aussage über Sigimund geht aus einer Nachricht Gregors von Tours hervor, der im zehnten Buch seiner 591 vollendeten[389] Historia Francorum schreibt:

---

[384] In die Zeitspanne von 580/8 datieren seinen Tod etwa Ewig, Patrozinien u. Dassmann, Anfänge 48; Brühl, Palatium 101 vermutet dagegen schon 470 als Todesjahr.

[385] Nur in drei Reihen erscheint die Lesart 'Sigemundus' (Series II; VI; Translationsbericht des Sigehard).

[386] Ewig, Raum 291.

[387] Für die Regierungsjahre und den historischen Hintergrund vgl. im folgenden Grotefend 111; Ewig, Merowinger 41/50; 246f.

[388] Ewig, Patrozinien 163.

[389] Datierung nach Altaner 477.

"*Also beschloß der König Childebert auf Einladung des Sigymundus*[390], *des Priesters der Stadt Mainz (Momotiacensis oppidi*[391]*), die Ostertage bei der genannten Stadt feierlich zu begehen"*[392].

Der Mainzer Bischof Sigimundus lud also, wie aus dem Kontext hervorgeht, am 10. April 589 König Childebert II. (575-596) zur Osterfeier nach Mainz ein, wodurch seinem Pontifikat ein chronologischer Fixpunkt zugeordnet werden kann[393]. Wie bei Sidonius zeigen sich auch hier die guten Beziehungen der Mainzer Kirchenleitung zum merowingischen Königshof.

Ob der Bischof mit demjenigen Sigimundus gleichgesetzt werden darf, den Venantius Fortunatus im 576 edierten[394] 7. Buch seiner Gedichtesammlung zusammen

---

[390] Die Lesart "Sigiberto", die noch W. von Giesebrecht (Übers.), Zehn Bücher Fränkische Geschichte, Bd. 3 = GdV 9,2 (Leipzig ⁴1913) 47 u. Friedrich, Kirchengeschichte 2,358 aufnehmen und deretwegen letzterer eine Identiät mit dem Mainzer Bischof ausdrücklich ablehnt, ist heute als sicher falsch erwiesen (sie findet sich außer im Codex D 3 [Sancti Michaelis saec. XI] nur bei einigen späteren; vgl. den Apparat der älteren Ausgabe von W. Arndt [MGH. SRM 1,383 Anm. b zu Kap. 29]).

[391] Mit 'Momotiacense oppidum' an dieser Stelle ist ebenso wie mit 'Momociacenis urbs' im Liber in gloria confessorum 52 (vgl. S. 125) sicherlich Mainz bezeichnet; vgl. zu den beiden Stellen in diesem Sinne etwa Duchesne, Fastes 3,158 m. Anm. 2 zu Sigimundus; Ewig, Trier 92; B. Krusch/W. Levison (MGH. SRM 1,1 (²1951) 447, Anm. 4 zu Hist. Franc. 9,29; R. Buchner (Hg.), Gregor von Tours: Zehn Bücher Geschichte, Bd. 2 (Darmstadt 1959) 279; Brühl, Palatium 91, Anm. 18.
Dagegen bemerkt B. Krusch (MGH. SRM 1 (1885) 779, Anm. 2) in seiner Ausgabe des Liber in gloria conf. 52: "(urbs) iam ignota est" und verweist auf A. Longnon, Géographie de la Gaule au VIe siècle (Paris 1878) 620f.; ebenso - zu Hist. Franc. 9,29 - W. Arndt (MGH. SRM 1 (1885) 383, Anm. 1); W. von Giesebrecht (Übers.), Gregor von Tours: Zehn Bücher Fränkischer Geschichte, Bd. 3 = GdV 9,2 (Leipzig ⁴1913) 47, Anm. 3; Falk, Cataloge 11; Friedrich, Kirchengeschichte 2,359 möchte unter Momociacum "Mauciacum, Moyssiacum, Mouson im Frankenreich" verstehen, wo man, wie er selbst einräumt, allerdings von keinem Bistum wisse.

[392] Gregor von Tours, Historia Francorum 9,29 (MGH. SRM 1,1²,447,12f.):
"Igitur Childeberthus rex, invitante Sigimundo Momotiacensis oppidi sacerdote, die (nach Codex D 5: *dies) paschae ad supradictam caelebrari statuit urbem"*.

[393] Vgl. in der Ausgabe von Buchner 2,279, Anm. 6; Duchesne, Fastes 3,158; Ewig, Bischofsgräber 172; Falck, Mainz 8; Jürgensmeier, Bistum 22.

[394] R. Herzog, Art. Venantius: Der kleine Pauly 5 (1979) 1163.

mit einem Alagisil als "teuren Freund" preist[395], kann nicht entschieden werden. Daß derselbe in einem anderen Gedicht an den Richter Magnulf als Gerichtsdiener (*praeco*) bezeichnet wird[396], muß eine Identität jedenfalls nicht unbedingt ausschließen. In merowingischer Zeit war es nämlich nicht ungewöhnlich, wenn weltliche Amtsträger in den geistlichen Stand überwechselten und sogar Bischof wurden[397]. Wenn man die Angabe auf den Mainzer Bischof beziehen und die Abfassung der Gedichte nicht viel früher als ihre Edition ansetzen will, ergibt sich, daß er jedenfalls nicht vor dem Jahr 575 den Bischofsstuhl bestiegen haben kann. Für seine Amtszeit kann in etwa die Spanne von den 80er Jahren des sechsten (vielleicht 587) bis in die ersten Jahre des siebten Jahrhunderts angegeben werden.

3.5.5. Leudegasius

Der Nachfolger Sigimunds, dessen Name Leudegasius[398] vermutlich aus dem Ostgermanischen stammt[399], ist im Zusammenhang fränkischer Vormachtskämpfe für das Jahr 612 durch die Chronik des sog. Fredegar[400] sicher bezeugt:

"Im 17. Jahr seiner (=des Theuderich II.) Herrschaft (=612) wurde in Langres aus allen Provinzen seines Reiches im Mai ein Heer vereinigt; [...] er drang zur Stadt Toul vor und nahm sie ein. Als ihm dort Theudebert mit dem Heer der Austrasier entgegentrat, trugen sie im Umland von Toul eine Schlacht aus. Theuderich besiegte Theudebert und vernichtete dessen Heer. [...] Theudebert floh und kam auf seiner Flucht durch das Gebiet von Metz nach Köln. Als Theuderich mit dem Heer sofort dem Fliehenden nachsetzte, trat der selige und apostolische Mann Lesio

---

[395] Venantius Fortunatus, Carm. 7,20; 21; auch das 4. Gedicht der Appendix ist Sigimundus gewidmet (MGH. AA 4,1,174 bzw. 279).

[396] Venantius Fortunatus, Carm 7,10,5; 18 (MGH. AA 4,1,164).

[397] So Ewig, Raum 291 Anm. 84.

[398] Die Listen bieten außer Leudegasius (Series I; Ia; II; IX) noch die Lesarten Liutgasius (III); Leodegarius (VII); Leudagasius (VII); Leugasius (VIII); Lentgasius (Translationsbericht des Sigehard).

[399] Ewig, Raum 291.

[400] Die dem hypothetischen Verfassernamen Fredegar zugewiesene Chronik des Merowingerreiches wurde um 658/60 "in barbarischem Latein" verfaßt; Tusculum-Lexikon 255; Kusternig, Bücher 12.

(=Leudegasius)[401]*, der Bischof von Mainz, der die Wohltaten (utilitas) des Theuderich schätzte und die Dummheit des Theudebert haßte, vor Theuderich hin und sagte: 'Was du begonnen hast, das vollende'! Theuderich überschritt mit dem Heer die Ardennen und gelangte nach Zülpich. Theudebert konnte (sein Restheer) mit Sachsen, Thüringern oder anderen Stämmen [...] vereinigen und zog gegen Theuderich nach Zülpich. Dort begann von neuem der Kampf. [...] Aber unter Gottes Führung besiegte Theuderich den Theudebert ein zweites Mal"*[402].

Die fränkische Königin Brunichild hatte ihre miteinander rivalisierenden Enkel Theudebert II. von Austrasien (596-612) und Theuderich II. von Burgund (596-613), den sie begünstigte, zum Bruderkrieg verleitet. Nach einem ersten Sieg Theuderichs über Theudebert bei Toul im Jahr 612 ergriff der Mainzer Bischof nach diesem Bericht für den Burgundenkönig Partei und forderte ihn auf, den fliehenden Bruder gänzlich zu vernichten. Dies wurde in der Schlacht bei Zülpich in die Tat umgesetzt[403].

Wie schon seine Vorgänger Sidonius und Sigimundus, die enge Verbindungen zum Königshof pflegten, hat sich Leudegasius also keineswegs auf seine kirchlich-

---

[401] Die Handschriften bieten die Varianten 'Lesio' (4c^1, s. X; 4c^2, s. XI), 'Leonisius' (4b^2, s. XV) u. 'Leonius' mit darübergeschriebenem 'si' (5a, s. IX); der Herausgeber B. Krusch (MGH. SRM 2,139, Anm. 2) weist auf die Identität mit dem Leudegasius der Bischofslisten hin; die Gleichsetzung ist allgemeiner Konsens; vgl. etwa schon Brack, Geschichte 1,459 u. Friedrich, Kirchengeschichte 2,359.

[402] Fredegar, Chronicae 4,38 (MGH. SRM 2,139,5/25):
*"Anno 17. regni sui Lingonas de universas regni sui provinciis mense Madio exercitus adunatur; [...] Tollo civitate perrexit et cepit. Ibique Theudebertus cum Austrasiorum exercitum obviam pergens, Tollensem campaniam confligunt certamine. Theudericus superat Teudebertus eiusque exercitum prostravit. [...] Theudebertus terga vertens, per territurio Mittensem veniens, [...] Colonia fugaciter pervenit. Theudericus post tergum cum exercitum insequens, **beatos et apostolicos vir Lesio Mogancensis urbis episcopus** diligens utiletatem Theuderici et odens stulticiam Theudeberti, ad Theuderico veniens, dixit: 'Quod coepisti perfice'; [...] Theudericus cum exercitum Ardinnam transiens, Thobeaco pervenit. Theudebertus cum Saxonis, Thoringus vel ceteras gentes [...] contra Theudericum Thobiaco perrexit; ibique dinuo commissum est prilium.[...] Sed, Domino precedente, iterum Teudericus Theudebertum superat".*

[403] Vgl. zum geschichtlichen Hintergrund etwa Büttner, Mainz im Mittelalter 6; Ewig, Merowinger 50f.; Jürgensmeier, Bistum 22f.

geistlichen Aufgaben beschränkt. Er hatte offenbar die Möglichkeit und die Position, Theuderich einen Rat zu geben, der für diesen von einigem Gewicht war. Es liegt also auch hier eine eindeutige Bestätigung dafür vor, daß der Mainzer Bischof in dieser Zeit eine politisch bedeutsame Rolle spielte. Dies entspricht der seit der Mitte des sechsten Jahrhunderts gewachsenen Bedeutung der Stadt, die nach der Unterwerfung der Hessen und der Thüringer nicht mehr das Randgebiet des Reiches darstellte und aufgrund ihrer Lage zunehmend in den Blickpunkt der fränkischen Großen geriet. Verstärkt wurde diese Tendenz noch, als sich seit dem siebten Jahrhundert der Schwerpunkt des Frankenreiches nach Nordosten verlagerte[404]. Wieweit der Mainzer Bischof Leudegasius in den Machtkampf verwickelt war, der nach dem Tod Theuderichs II. im Jahre 613 zwischen Brunichild - bzw. dem von ihr zum König erhobenen Sohn Theuderichs II., ihrem Urenkel Sigibert II. (gest. 613) - und dem bisher neutral gebliebenen Herrscher Neustriens Chlotar II. (584-629) ausbrach, wird nicht durch Nachrichten erhellt. Seine Unterschrift fehlt jedenfalls in den Akten der im Jahre 614 zu Paris vom siegreichen Chlotar II. einberufenen fränkischen Nationalsynode, an der die Bischöfe von Köln, Trier, Worms, Speyer und Straßburg teilnahmen[405]. Es ist vorstellbar, daß er als ehemaliger Anhänger Theuderichs II. und Brunichilds auf Veranlassung Chlotars II. vom Bischofsamt suspendiert war, ohne daß bereits ein Nachfolger bestimmt worden wäre[406].

Da der Pontifikat des Leudegasius, der vor Theuderich II. im Jahre 612 nicht wie ein Neuling im Amt auftrat, wahrscheinlich schon einige Jahre vorher begonnen haben wird, dürfte es sich bei ihm auch um den Mainzer Bischof handeln, der in der um 642 verfaßten Vita Columbani[407] ohne Angabe des Namens erwähnt wird[408]. Für das Jahr 610 berichtet der Biograph Jonas von Bobbio über eine Reise

---

[404] Jürgensmeier, Bistum 23.

[405] Concilium Parisiense a. 614, Subscriptiones (CCL 148A,280/2); vgl. Büttner, Christentum am Mittelrhein 19f.

[406] Ewig, Bischofslisten 176, Anm. 28; ders., Raum 291; Jürgensmeier, Bistum 23.

[407] Zur Vita des Columban (543-616), der ab 591 in Gallien missionierte, vgl. H. Haupt, Art. Columban: LMA 3 (1986) 65/7.

[408] So meist in der Literatur gleichgesetzt; vgl. etwa schon Friedrich, Kirchengeschichte 2,359f.; Falk, Jahrtausend 7; der Herausgeber der Vita Columbani B. Krusch (MGH. SRG 37,212, Anm. 2) setzt ihn mit dem bei Fredegar genannten 'Lesio' gleich, den derselbe Herausgeber dort mit Leudegasius identifiziert (MGH. SRM 139, Anm. 2); Duchesne, Fastes 3,158: "sans doute"; Falck, Mainz 20: "vermutlich Leudegasius".

des großen irischen Missionars und Klostergründers von der Mosel (Metz) zum Bodensee (Bregenz):

*"Als (Columban und seine Begleiter) eines Tages über den Rhein, wie gesagt, in einem Kahn fuhren, gelangten sie zu der Stadt, welche die Alten Mogontiacum genannt haben. [...] Durch die lange Reise war ihnen schon das Geld für Nahrungsmittel ausgegangen. [...] Darauf sagte jener: 'Laßt mich eben zu meinem Freund gehen'. Sie aber wunderten sich, woher dieser an jenem Ort, an dem er vorher nie gewesen war, einen Freund haben (konnte). Er brach auf und ging zur Kirche, betrat sie, warf sich auf den Boden und betete intensiv zu seinem Herrn, dem Urheber seines Glaubens. Und nach kurzer Zeit trat der **Bischof jener Stadt** aus seinem Haus und kam zur Kirche. Er fand dort den seligen Columban und fragte ihn, wer er sei. Jener aber sagte, er sei ein Fremder. Der Bischof erwiderte ihm: 'Wenn du einen Vorrat an Lebensmitteln benötigst, dann komm in mein Haus und nimm mit, wieviel du auch brauchst'"*[409].

Die Identifikation des hier für seine Freigebigkeit gelobten Mainzer Bischofs mit Leudegasius ist freilich nicht sicher, da nicht ausgeschlossen werden kann, daß im Jahre 610 noch sein Vorgänger Sigimundus im Amt war. Die Glaubwürdigkeit der Nachricht wird von F. Jürgensmeier sogar gänzlich in Frage gestellt, da Mainz nur mit einem großen Umweg von der Reiseroute Metz - Bregenz erreicht werden konnte. Als Kern möchte er lediglich festhalten, daß die Mainzer Kirche dem iroschottischen oder gallofränkischen Mönchtum nahestand[410]. Trotz aller Unsicherheiten scheint mir die Geschichte gut in die Mainzer Verhältnisse zu passen und doch auf Leudegasius bezogen werden zu sollen. Er muß dann schon vor dem

---

[409] Jonas, Vita Columbani 1,27 (MGH. SRG 37,212,1/21):

*"Dum quodam die per Reni alveum, ut diximus, scafa veherentur, ad urbem quam Mogontiacum veteres appellarunt perveniunt. [...] Iam enim defecerant itenere longo stipendia sumptuum. [...] Ad haec ille: 'Sinite me', inquit, 'paululum ad meum abire amicum'. Mirantibus illis, unde huic illo in loco, quo ante non fuerat, amicum habere. progressus ille ad ecclesiam pergit; qua ingressus, pavimento inherens longe orationis protractione suum Dominum, pietatis postulat auctorem. Nec mora, **episcopus urbis illius** domo progressus ad ecclesiam venit, reppertumque beatum Columabanum, sciscitatur, quis sit. At ille fatetur se peregrinum esse. Cui ille: 'Si', inquit, 'necesse est sumptuum copiam capere, propera domi, et quantum necesse fuerit, tecum defer".*

Der Herausgeber B. Krusch (zu Jonas, ebd., Anm. 2) identifiziert den Bischof mit dem bei Fredegar genannten Lesio.

[410] Jürgensmeier, Bistum 27.

Jahre 610, vielleicht schon gegen Anfang des Jahrhunderts, die Nachfolge des Sigimundus angetreten haben.

3.5.6. Petilinus

Über Petilinus[411] finden sich außerhalb der Bischofslisten keine Nachrichten, wenn man ihn nicht mit Bothadus identifizieren will[412]. Für das hohe Alter der Petilinustradition spricht jedenfalls eine Beobachtung F. Falks, der auf den ehemals offensichtlich nach diesem Bischof benannten Mainzer Stadtteil "Vicus Becelini" hinweist, in dem sich jetzt die Betzelsgasse befinde[413]. Sollte mit ihm ein von Bothadus verschiedener Kirchenleiter gemeint sein, dürfte seine Amtszeit in die 30er oder 40er Jahre des siebten Jahrhunderts fallen. Die von C. A. Brack favorisierte Verschiebung der Bischöfe Petilinus und Lanwaldus hinter Laboaldus ist (wie z.T. auch die These der Identifikation mit Bothadus) von der fraglichen Datierung Laboalds bereits in die 20er Jahre dieses Jahrhunderts motiviert und daher nicht zwingend[414].

---

[411] Die zahlreichen Variationen der Schreibweise des Namens: Petilinus (Series I), Betilinus (Ia), Pezelinus (II), Bezelinus (III), Becelin (VI), Pezilinus (VII), Beccelinus (VIII) und Pecelinus stellen keine Grund dar, von der ältesten Form Petilinus abzugehen; im Translationsbericht des Sigehard fehlt er wie Ruthardus ganz, um die Zehnzahl zu wahren.

[412] Vgl. zu Ewigs Identifikationsvorschlag mit Bothadus S. 78.

[413] Falk, Cataloge 5, Anm. 1, dessen im Anhang unter Nr. I gebotene Wiedergabe des Codex Bernensis (= Series Ia) 'Bentilinus' auf einem Lesefehler beruht; vgl. für die unzweifelhaft richtige Lesart 'Betilinus' die Kopie der Handschrift auf S. 53.

[414] Brack, Geschichte 1,460 (Petilinus wird bei ihm nach jüngeren, weniger zuverlässigen Listen als Plozelinus/Rodelinus/Rodhelmus bezeichnet); vgl. zu Laboaldus S. 110/3.

3.5.7. Lanwaldus

Auch der in der Fuldaer Liste an siebter Stelle genannte Lanwaldus[415] ist durch keine weiteren Quellen bezeugt, die ihm historisches Profil geben könnten. Aus seiner Position in den Bischofslisten kann daher nur ungefähr auf die Zeit seines Pontifikats geschlossen werden. Auf der - natürlich höchst unsicheren - Grundlage der Datierungen seiner möglichen Vorgänger kämen etwa die Jahre um 650 in Frage.

3.5.8. Laboaldus

Zu Laboaldus, der im Codex Bernensis (Series Ia) Ladoaldus heißt, finden sich zwei unsichere, vielleicht auf ihn zu beziehende Nachrichten. Die aus diesen ableitbaren zeitlichen Fixierungen stehen jedoch im Widerspruch, so daß zumindest eine nicht zutreffen kann.
Zum einen gilt ein Mainzer Bischof "Lupoaldus" als Teilnehmer der Synode zu Clichy (626/627) oder Reims (626/630)[416]. In der Unterschriftenliste der Synode selbst, die Chlotar II. zum 27. September des Jahres 626 oder 627 nach Clichy bei Paris einberief, fehlt jedoch der Mainzer Bischof unter den - einschließlich zweier Vertreter insgesamt 41 zählenden - Unterzeichnern[417]. Erst auf dem umstrittenen Reimser Konzil, das nur in nahem Anschluß an Clichy getagt haben kann, ist er als 'Lupoaldus' zu den ansonsten in Anzahl und Zusammensetzung weitgehend mit den Teilnehmern von Clichy identischen Anwesenden gerechnet. Wegen der offenkundigen Parallelen[418] ist eine Gleichsetzung beider Konzilien längst erwogen

---

[415] Als unbedeutende Varianten der späteren Listen treten auf: Lanwaldus (Series I; II), Lanualdus (Ia), Lantwaldus (III; VII; VIII; Sigehards Translationsbericht), Lanuwaldus (VI), Lantivaldus (IX).

[416] Reims gibt schon Brack, Geschichte 1,459 an; vgl. auch Büttner, Christentum am Mittelrhein 20; Ewig, Bischofslisten 177; für eine Anwesenheit in Clichy Duchesne, Fastes 3,158; Ewig, Bischofsgräber 172.

[417] Concilium Clippiacense, Einleitung u. Subscriptiones (CCL 148A,290; 296f.; vgl. E. Ewig, Art. Clichy: LThK 2 [²1958] 1235).

[418] Von den 41 Unterzeichnern des angeblichen Konzils von Reims sind 37 auch in der Liste von Clichy enthalten; die 25 Canones stimmen ebenfalls weitgehend mit den Be-

worden, so daß die Liste von Reims lediglich eine Variante der Namen von Clichy bieten würde[419]. Dafür spricht auch, daß der Text des Reimser Konzils nicht in den kanonischen Sammlungen, sondern nur in der Reimser Kirchengeschichte des Flodoard (893/4-966) überliefert ist[420]. Der Verdacht liegt nahe, daß dieser in irgendeiner Weise auf die Akten von Clichy zurückgreifen konnte und ein angeblich unter Sonnatius von Reims abgehaltenes Konzil fingiert hat, um das Ansehen des Reimser Bistums zu steigern. Von seiner Vorlage abweichend, übergeht er dabei die Bischöfe von Agen, Nevers und Noyon und setzt diejenigen von Riez, Cambrais, Arisitum (Alais) und auch 'Lupoaldus Magonciacensis' an deren Stelle[421]. Zur Annahme einer erst nachträglichen Zufügung des Mainzer Bischofs paßt die Beobachtung E. Ewigs, daß Lupoaldus nicht in der Gruppe der Metropoliten von Lyon, Vienne, Bourges, Tours, Reims, Eauze, Trier, Köln, Sens und Besancon, sondern weiter unten bei den anderen Bischöfen erscheint[422].

Wenn Flodoards Zeugnis tatsächlich auf dem Protokoll des Konzils von Clichy gründet, ist es mehr als unwahrscheinlich, daß er die Namen der Teilnehmer genauer wiedergeben kann als die uns überlieferte Unterschriftenliste des Protokolls von Clichy selbst, in der kein Mainzer Bischof auftaucht[423]. Möglicherweise wurde der fehlende Mainzer Bischof von Flodoard nach einer Mainzer Bischofsliste ergänzt, in welcher er Laboaldus / Lupoaldus, falls man die Identifikation überhaupt aufrecht erhalten will, nach eigener Einschätzung (irrtümlich) der Zeit des Konzils von Clichy zuordnete.

---

stimmungen von Clichy überein; vgl. die Gegenüberstellung von C. de Clerq (CCL 148A,298), der daher von einer Edition der Akten des Reimser Konzils abgesehen hat.

[419] So G. Allemang, Art. Reims. Synoden: LThK 8 ([1]1936) 743; C. de Clercq (CCL 148A,298) mit Berufung auf L. Duchesne, Comptes rendus de l'Académie des Inscriptions et des Belles Lettres, IVe série, t. XVII (1889) 94; gegen eine Gleichsetzung der Konzilien spricht sich Staab, Episkopat 23, Anm. 30 aus, dem "eine Reimser Wiederholung durchaus möglich" erscheint; Ewig, Bischofslisten 176f. legt sich bei der Untersuchung der "nahezu gleichen" Listen nicht fest.

[420] Flodoard, Historia Remensis ecclesiae 2,5 (MGH. SS 13,451/4; als "Concilium sub Sonnatio episcopo Remensi habitum (627-630)" von F. Maassen ediert (MGH. Conc. 1,202/6); zu Flodoard, dem Domkleriker und Archivar in Reims, vgl. P.C. Jacobsen, Art. Flodoard von Reims: LThK 3 ([3]1995) 1322.

[421] Vgl. Staab, Episkopat 23, Anm. 30; Ewig, Bischofslisten 177.

[422] Concilium sub Sonnatio, Praef. (MGH. Conc. 1,203,13); vgl. Ewig, Bischofslisten 177.

[423] Das Fehlen des Mainzer Bischofs ist keineswegs ungewöhnlich; vgl. S. 19, Anm. 40; gegen die Verwendung des Zeugnisses Flodoards als Beleg für Laboaldus argumentiert Heinemeyer, Erzbistum 17, Anm. 54.

Da sich somit die Datierung des Laboaldus um das Jahr 627 als wenig abgesichert erwiesen hat, sind auch die von E. Ewig[424] auf dieser Grundlage vorgeschlagene Umstellung von Lanwaldus hinter Laboaldus / Lupoaldus, die Einordnung des Ruthardus erst hinter diese und ferner auch die Identifikation von Bothadus mit Petilinus in Frage zu stellen. Denn bei einer späteren Ansetzung des Laboaldus besteht kein Anlaß mehr, die Zahl der zwischen Leudegasius (612) und Laboaldus genannten Bischöfe zu reduzieren.

In der Tat gibt es einen Anhaltspunkt, daß Laboaldus erst etwa 30 Jahre nach der Synode zu Clichy den Mainzer Bischofsstuhl bestiegen haben könnte: Nach einer im Weißenburger Cartular überlieferten und in das Jahr 661 datierten Urkunde übereignete ein gewisser Bonefacius ein Gut im Saargau der noch zur Diözese Speyer gehörigen Abtei Weißenburg, deren Gründung dem Bischof Dragobod von Speyer zugeschrieben wird. Bei der Untersuchung des vom Kopisten überarbeiteten Eschatokolls der Urkunde kommt F. Staab zu dem Ergebnis, daß sich hinter dem Aussteller Bonefacius der damalige Herzog vom Elsaß Bonifatius verbergen soll. Die als Zeugen - neben einem unbekannten Gaisuarius - angeführten Namen Chrodoharius, Chrodoaldus und Ledoaldus möchte er mit den Bischöfen Rotharius von Straßburg[425], Chrodoald von Worms[426] und Laboaldus von Mainz gleichsetzen[427]. Die hier interessierende Identifizierung von Ledoaldus mit Laboaldus erfährt dabei eine bedeutende Stütze in der klaren Lesart des Codex Bernensis (Series Ia) 'Ladoaldus'[428], wodurch die leichte Möglichkeit der Verwechslung von "b" und "d"

---

[424] Ewig, Bischofsgräber 175f.

[425] Vgl. Duchesne, Fastes 3,171.

[426] E. Ewig, Zu Wimpfen und Worms. St. Dié und Trier im 7. Jahrhundert: Jahrbuch für westdeutsche Landesgeschichte 1 (1975) 6/8 erkannte im Zeugen einer Trierer Urkunde von 666 namens 'Chroabaldus' den Wormser Bischof Chrodoald, der somit auch hier gemeint sein könnte; vgl. ders., Raum 293; Staab, Episkopat 22 m. Anm. 23; 25.

[427] Staab, Episkopat 20/3, der dem vom Kopisten gekürzten Original des Eschatokolls eine eigene Rekonstruktion gegenüberstellt; vgl. auch die der Veröffentlichung des Aufsatzes folgende Auseinandersetzung zwischen Doll, Kloster 287/309, der in erster Linie die methodische Seite harter Kritik unterzieht, und Staab, Noch einmal zur Diplomatik 311/22.

[428] Vgl. die Kopie der Handschrift im Anhang.

dokumentiert ist. Vielleicht hat die Urkunde von 661 den Namen des Mainzer Bischofs unverfälscht erhalten[429].
Ein Mainzer Bischof wirkt in der Reihe der Bischöfe von Speyer, Straßburg und Worms in der Tat nicht fehl am Platze. Den gewöhnlichen Umständen fränkischer Klostergründungen des siebten Jahrhunderts entsprechend, könnte der primäre Zweck des Zusammentreffens mehrerer benachbarter Bischöfe nach F. Staab in der Privilegierung des neugestifteten Klosters zu sehen sein[430].

Die Richtigkeit der vorangehenden Ausführungen vorausgesetzt, ist die Amtszeit des spätestens seit dem zehnten Jahrhundert als Laboaldus angesprochenen Mainzer Bischofs erst der zweiten Hälfte des siebten Jahrhunderts zuzuordnen. Man erhält somit eine Datierung, die sich gut mit der Bischofsabfolge vereinbaren läßt, die aus den Listen zu rekonstruieren ist. Die in dieser Zeit gewachsene Bedeutung des Mainzer Bistums läßt sich an seinem weit nach Südosten reichenden Wirkungsbereich ermessen.

3.5.9. Rigibertus

Der in den Listen als Nachfolger des Laboaldus geführte Rigibertus kann durch mehrere Zeugnisse zuverlässig in den Anfang des achten Jahrhunderts datiert werden[431].
So findet sich sein Name in der ersten nach der Zeit des Sidonius erhaltenen Weiheinschrift einer Kirche im Mainzer Sprengel[432]. An einer Kapelle im ehemaligen Dorfe Nilkheim (heute Nilkheimerhof), das am linken Rheinufer bei Aschaffenburg gelegen ist, befand sich ein Stein mit der Angabe, daß die Kirche ursprünglich von dem Priester Adalhuno, vielleicht auf seinem Eigengut, zu Zeiten des Thüringerherzogs Theobald errichtet und vom Mainzer Bischof 'Regebertus' dem hl. Diony-

---

[429] Staab, Episkopat 23 m. Anm. 29 sieht Laboaldus und Ladoaldus als verderbte Namensformen an, während Ledoaldus (=Leitold) nach E. Förstemann, Altdeutsches Namenbuch 1: Personennamen (Bonn ²1900) 1000 belegt ist; hier soll dennoch an der seit dem 10. Jh. vorherrschenden Form Laboaldus festgehalten werden.

[430] Staab, Episkopat 23 auf der Grundlage von Ewig, Klosterprivilegien 411/26.

[431] Alle drei nachfolgend angeführten Quellen werden bereits im 16. Jh. von Latomus, Catalogus 433/5 verwertet.

[432] Büttner, Christentum am Mittelrhein 40; Ewig, Bischofsgräber 177.

sius geweiht worden sei[433]. Die erste Entstehung der Inschrift und damit das Wirken des Regebertus, der ohne Zweifel mit dem Rigibertus der Bischofslisten identisch ist, datiert man heute meist in die Zeit zwischen 711/6[434]. Spätestens zu Anfang des achten Jahrhunderts hatte der Mainzer Bischof also den Bereich seines Sprengels mainaufwärts weit in rechtsrheinisches Gebiet hinein ausgedehnt.

Beziehungen Rigiberts nach Thüringen zeigen sich auch in einer gefälschten Dagobertsurkunde vermutlich der ersten Hälfte des 12. Jahrhunderts, in der jedoch ein echter Kern enthalten ist[435]. Der Fälscher der angeblich am 1. März 706 in Gegenwart des Mainzer Bischofs Rigibertus ausgestellten Urkunde dürfte als fingierten Aussteller Dagobert III. (711-715) im Sinn gehabt haben[436]. Er habe das St. Petersklosters auf dem heutigen Petersberg bei Erfurt gegründet[437], und zwar auf Bitten eines Adeodatus, der damals bei der Kapelle St. Blasius inkludiert worden

---

[433] Die Inschrift des heute verschollenen Steines hat im 16. Jh. Latomus, Catalogus 435 bewahrt; erneut abgedruckt u. besprochen ist sie bei O. Falk, Kirchen 578; danach bei Falk, Mittelrheinische Kirchengeschichte 377; Hauck, Kirchengeschichte 1,359, Anm. 6, der über den Inhalt "keinen Anlaß zu Bedenken" sieht; Vita Bonifatii auctore Willibaldo (Levison 32, Anm. 4); Heinemeyer, Erzbistum 16, Anm. 52:
"Hic primo ecclesiam struxit Adalhuno sacerdos
Temporibus Theobaldi ducis, sed quam Regebertus
(Die meist gebotene Lesart 'Regbertus' entspricht nicht dem Text des Latomus.)
Pontifex Moguntiacensis honori dicavit
Martyrum Dionysii illius et sociorum".

[434] So Büttner, Christentum am Mittelrhein 40; Ewig, Bischofsgräber 177; Heinemeyer, Erzbistum 16; bereits in das ausgehende 7. Jh. wird der fränkische Herzog Theobald noch von Brack, Geschichte 1,461; Falk, Mittelrheinische Kirchengeschichte 378; O. Falk, Kirchen 578 und Duchesne, Fastes 3,159 datiert.

[435] Büttner, Christentum am Mittelrhein 48 m. Anm. 225/7; Ewig, Bischofsgräber 177; die Urkunde ist unter den Diplomata spuria ediert von G.H. Pertz (MGH. DI 1,197f., Nr. 83).

[436] G.H. Pertz Pertz (MGH. DI 1,197, Anm. 88).

[437] G.H. Pertz (ebd. Anm. 89) setzt die tatsächliche Gründung des Klosters St. Peter allerdings erst in das 11. Jh.; in fast demselben Wortlaut wird es auch im (wohl der Urkunde folgenden) Chronicon adauctum des Ekkehard von Aura, das in einem um 1137 entstandenen Codex dieses Klosters vorliegt, zum Jahr 706 als Gründung Dagoberts dargestellt; auch Rigibertus wird erwähnt (MGH. SS 3,33, Anm. b.; zur Datierung ebd. 21); vgl. Falk, Cataloge 10.

war "*a Moguntino aepiscopo Rigiberto*"[438]. Aus der Nennung Rigiberts im Zusammenhang mit dieser Klostergründung kann - trotz der Vorbehalte gegenüber einer Fälschung - als Kern wohl auf die Verbindung der Mainzer Kirche mit der Erfurter Region[439] sowie auf die Gleichzeitigkeit des Mainzer Bischofs mit Dagobert III. geschlossen werden.

Desweiteren gibt es eine Nachricht, welche die Gründung des Mainzer Klosters Altmünster mit Rigibert in Zusammenhang bringt. Es handelt sich ebenfalls um eine gefälschte Urkunde, die nach M. Stimming um die Mitte des 12. Jahrhunderts im Altmünsterkloster angefertigt worden ist[440], der aber aufgrund der Zeugenliste schon eine Vorlage des achten Jahrhunderts zugrunde zu liegen scheint[441]. Während das Ausstellungsdatum 22. April 635 sicher fingiert ist, könnte die vom Fälscher für die Zeit der Gründung angegebene Herrscherepoche "*regnante Clodoveo rege*", unter welchem Chlodwig III. (690-694) zu verstehen sein wird, durchaus der Wahrheit entsprechen und in der Klostertradition verankertes Wissen bewahrt haben[442]. Nach der Fälschung soll die hl. Bilhildis Altmünster als ein dem Herrn und der Jungfrau Maria geweihtes Frauenkloster südlich von Mainz gegründet und mit Schenkungen versehen haben. Der fälschlich als Erzbischof bezeichnete Mainzer Bischof Rigibert, von dem sie das Klosterareal erworben hatte, wird von ihr als Onkel angesprochen[443]. Durch die Verwandtschaft Rigiberts mit der Gründerin

---

[438] MGH. DI 1,197,40f.; vgl. Falk, Mittelrheinische Kirchengeschichte 376f.

[439] Thüringen und Mainz waren in alter Zeit durch eine sicher bezeugte Handelsstraße verbunden; Falk, Mittelrheinische Kirchengeschichte 377.

[440] Die Fälschung ist von M. Stimming nebst einer von ihm rekonstruierten originalen Vorlage ediert im Mainzer Urkundenbuch 1,1, Nr. 2b. bzw. 2a.

[441] Die von Stimming (Mainzer Urkundenbuch 1,1, Anm.) vertretene Datierung in das 9. Jh. hat Ewig, Bischofsgräber 177, Anm. 26 in diesem Sinne korrigiert; Falk, Vita Bilhildis 92, Anm. 9 ist überzeugt, daß die gefälschte Schenkungsurkunde "das Sachliche der verlorenen Originalurkunde retten" wollte.

[442] So Ewig, Bischofsgräber 177.

[443] Mainzer Urkundenbuch 1,2, Nr. 2b.,10f.:
"*aream unam prope murum Mogontie civitatis in australi parte a **Rigiberto archiepiscopo avunculo meo** acquisivi*".
Eine entsprechende Nachricht begegnet auch in der Vita Bilhildis wohl aus dem 12. Jh. (ediert bei Falk, Vita Bilhildis 91f.):
"*[...] Mongunciam adibat et a **Sigiberto avunculo suo** ipsius civitatis episcopo caritate suscepta [...] hec secum volvens ariolam a prefato episcopo adepta est, in qua ecclesi-*

und ersten Äbtissin von Altmünster wird die Annahme einer Beteiligung des Mainzer Bischofs an der Klostergründung zur Zeit Chlodwigs III. gestützt. Nach E. Ewig könnte Altmünster sogar ein Hauskloster der Familie Rigiberts gewesen sein, in dem er sich schließlich nach dem Brauch der Zeit bestatten ließ[444]. Dafür spricht zumindest die Beobachtung, daß die Liste im Translationsbericht des Sigehard nicht nur die unmittelbaren Vorgänger des Bonifatius, Gerold und Gewiliob, sondern auch Rigibert nicht mehr umfaßt, der somit nicht zu den aus St. Hilarius überführten Bischöfen gehört haben soll[445].

Eine kurze namentliche Erwähnung Rigiberts begegnet schließlich noch in der Vita quarta Bonifatii, die zwischen 1011/66 in Mainz verfaßt worden ist. Die Identität mit dem dort als Vorgänger des Geroldus bezeichneten Raobardus darf als sicher gelten[446]. Über die wohl unmittelbare Abfolge der beiden Bischöfe hinaus können der Vita aber keine weiteren Informationen zu Rigibert entnommen werden.

Der freigelegte historische Kern der angeführten Zeugnisse erlaubt es, das Wirken Rigiberts im Mainzer und Thüringer Raum um die Wende vom siebten zum achten Jahrhundert glaubwürdig zu belegen. Wenn er Zeitgenosse der Frankenkönige Chlodwigs III. und Dagoberts III. sowie des Thüringerherzogs Theobald war, muß seine Amtszeit mindestens die Jahre von 694 - 711 umfaßt haben.

---

am in honorem Dei genetricis virginis Marie fabricans multitudinem feminarum sanctarum collegit".

Holder-Egger (Series: MGH. SS 13,314) gibt einen Zusatz aus dem 15. Jh. zur Series IX an: "*Iste* (=Rigibertus) *fuit avunculus beate Bilhildis*".

[444] Auch Bonifatius und sein Nachfolger Lullus wurden in ihren eigenen Gründungen Fulda und Hersfeld beigesetzt; Ewig, Bischofsgräber 178.

[445] Vielleicht ist Sigehard in diesem Punkt zuverlässig, da sich eine Erinnerung an die Ereignisse des 8. Jh. durchaus in St. Alban gehalten haben kann.

[446] Vita quarta Bonifatii (Levison 90,10; zur Datierung vgl. ebd. LVII/LXII):
"[...] *antistes nomine Geroldus, qui post Raobardum sanctam Moguntine sedis rexit ecclesiam*"; vgl. schon Brack, Geschichte 1,460; Duchesne, Fastes 3,158.
Warum W. Levison (ebd. 90, Anm. 2) Raobardus mit Laboaldus gleichsetzen will, ist unverständlich.

3.5.10. Die beiden letzten vorbonifatianischen Bischöfe

Über die unmittelbaren Vorgänger des Bonifatius Gerold und Gewiliob[447] haben sich einige Nachrichten in zwei Bonifatiusviten und in der Korrespondenz des Kirchenreformators mit dem römischen Stuhl erhalten. In beiden Bischöfen, Vater und Sohn, spiegelt sich der seit dem ausgehenden siebten Jahrhundert zu beobachtende Niedergang des fränkischen Episkopates wider[448]. Maßgeblichen Anteil an der Verschlechterung der kirchlichen Zustände im achten Jahrhundert hatte der im Frankenreich regierende Hausmeier Karl Martell (714-741), der zum einen Bistümer und Abteien zunehmend mit politischen Freunden ohne Rücksicht auf ihre geistliche Qualifikation besetzte. Zum anderen war er gezwungen, auch auf Kirchengüter zuzugreifen, um seine Anhängerschaft mit Schenkungen zu versehen und auf diese Weise an sich zu binden.

Wie sehr die Kirche geschädigt wurde, führt die Klage des Bonifatius in einem Brief vom Anfang des Jahres 742 an den neugewählten Papst Zacharias eindrucksvoll vor Augen: Seit mindestens 60 oder 70 Jahren sei die Kirchenverfassung zerrüttet. Eine Synode habe seit mehr als 80 Jahren nicht mehr stattgefunden, und Erzbischöfe gebe es überhaupt nicht. Die Bischofssitze würden zum größten Teil von nach Besitz trachtenden Laien oder unzüchtigen Geistlichen bekleidet. Teilweise würden zu Bischöfen sogar sogenannte Diakone geweiht, die von Kindheit an in Unzucht, Ehebruch und Schande lebten und vier oder fünf Konkubinen gleichzeitig hätten. Einige unter ihnen hätten sich zwar nicht dieser Vergehen schuldig gemacht, seien aber *"ebriosi et incuriosi vel venatores, et qui pugnant in exercitu armati et effundebant propria manu sanguinem hominum, sive paganorum sive christianorum"*[449]. Von solchen als Trinker, Jäger oder Kriegsteilnehmer qualifizierten Bischöfen wird neben Gewiliob von Mainz[450] namentlich nur Milo von Trier (ca. 620-655) in den Briefen des Papstes an Bonifatius erwähnt. Da Zacharias

---

[447] Während Geroldus in allen bei Holder-Egger edierten Listen in einheitlicher Schreibweise erscheint, begegnet die latinisierte Form Gewiliobus nur noch in der Series I; sonst: Gewiliob (Ia; VI, VII, IX), Gewinliob (II), Gewilieb (III), Gowilib (VIII).

[448] Vgl. dazu etwa Hauck, Kirchengeschichte 1,376/88; Schieffer, Winfrid-Bonifatius 130/3.

[449] Bonifatius, Briefe, Nr. 50 (Tangl 82,5/83,8f.); im folgenden werden die Briefe zitiert: Ep. mit Nr. (Tangl mit Seite).

[450] Ep. 60 vom 31.10.745 (Tangl 124,6).

über Milo, der bezeichnenderweise bei einer Eberjagd zu Tode kam[451], zusammen mit "*eiusmodi similibus, qui aecclesiis Dei plurimum nocent*" spricht, stand er offensichtlich für eine ganze Gruppe von Bischöfen dieser Zeit[452].

Auch für Mainz wird von Gerold und Gewiliob Entsprechendes berichtet. Von den zwei Bonifatiusviten, denen Informationen zu ihnen entnommen werden können, ist die eine in der ersten Hälfte des zehnten Jahrhunderts von einem Mainzer Presbyter[453], die andere im Jahr 1066 von dem Mönch Otloh von St. Emmeran (ca. 1010-1070) verfaßt[454]. Sogleich erkennbar bestehen Parallelen zwischen beiden Viten, so daß Otloh aus der älteren geschöpft zu haben scheint. Eine weitere Erklärung für die Übereinstimmungen hat H. Hahn geliefert, dem anhand auffälliger Wortverbindungen der Nachweis gelungen ist, daß beiden bezüglich ihrer Nachrichten über Gerold und Gewiliob ein altes, in lateinischen Hexametern verfaßtes Gedicht zugrunde liegt[455]. Von diesem darf aufgrund seiner zeitlichen Nähe zu den Ereignissen angenommen werden, daß es - wenn auch in einer stilisierenden Darstellung - historische Fakten verarbeitet hat.

3.5.10.1. Geroldus

Der Mainzer Bischof Gerold, der mit hoher Wahrscheinlichkeit dem fränkischen Adel aus der Umgebung Karl Martells entstammte[456], nahm nach Auskunft des

---

[451] Gesta Trevirorum 25 (MGH. SS 8,162,20):"(Milo) *venationi inserviens apro percussus moritu*r"; vgl. Hauck, Kirchengeschichte 1,383; Ewig, Milo 420f.

[452] Vgl. zu Milo von Trier Ewig, Milo.

[453] Vita quarta Bonifatii (Levison 90/106); zur Datierung zwischen 1011/66 vgl. Levison LVIIIf.

[454] Vita Bonifatii auctore Otloho (Levison 111/217); vgl. zu Otloh die Einleitung von Levison LXIIIf.; Tusculum-Lexikon 589.

[455] So Hahn, Gerold 203/6 nach einem ersten Hinweis von Rettberg, Kirchengeschichte 1,573, Anm. 18; vgl. Hauck, Kirchengeschichte 1,383f., Anm. 9; gegen die Annahme einer alten metrischen Vorlage spricht sich jedoch der Herausgeber der Vitae s. Bonifatii, W. Levison (S. LIXf.), aus.

[456] Vgl. Büttner, Mainz im Mittelalter 9, der in Gerold und seinem Sohne Gewiliob eine "fränkische Bischofsdynastie" im Mainzer Bistum sehen will.

oben genannten Gedichtes unter Karl Martell (714/41) - vielleicht im Jahre 738[457] - an einem Feldzug gegen die Sachsen teil, die in Thüringen eingefallen waren. Auch wenn er eher göttlichen Beistand bewirken als kriegerisch eingreifen sollte, fiel er, getroffen von feindlichen Geschossen[458]. Wenn ihn der Mainzer Bonifatiusbiograph im folgenden als "*venerabilis antistes*" beschreibt, steht er damit in Widerspruch zu zwei Aussagen in päpstlichen Briefen, die sehr wahrscheinlich auf Gerold zu beziehen sind.

So schreibt Gregor II. am 4. Dezember 724 an Bonifatius über einen Bischof, der es bisher aus Faulheit unterlassen habe, das Wort Gottes dem von Bonifatius vor kurzem erst missionierten Volke zu predigen[459]. Darunter wird Gerold von Mainz zu verstehen sein, der vermutlich Anspruch auf das christlich gewordene Hessen sowie den oberen Lahngau erhoben und seinem Sprengel zugerechnet hat[460].

Auch der Brief des Papstes Zacharias vom 31. Oktober 745 befaßt sich an einer Stelle mit einem "falsus episcopus", bei dem es sich um den Sohn Gerolds, Gewili-

---

[457] Datierungsvorschlag nach Schieffer, Winfrid-Bonifatius 130; 230. Während die Vita Bonifatii auctore Otloho 1,41 (Levison 155,6) die Ereignisse unter Karlmann stattfinden läßt, schreibt der Mainzer Presbyter in der Vita quarta Bonifatii (Levison 90,8f.): "*temporibus venerandi Karoli qui senior dicitur et Pippini fratris eius*"; G.H. Pertz, der die Mainzer Vita quarta Bonifatii ebenfalls ediert hat, spricht wegen der Unstimmigkeit von der "parva scriptoris auctoritas" (MGH. SS 2,354, Anm. a); vielmehr hat aber gerade diese Vita das Richtige bewahrt, da im Gedicht sicherlich "der ältere Karl" - d.h. in Absetzung von Karl dem Großen zeifellos Karl Martell - gemeint war. Diesen hielt zunächst der Autor der Mainzer Vita fälschlich für den Bruder Pippins und danach Otloh für Karlmann (741-747); vgl. Hahn, Gerold 205; Hauck, Kirchengeschichte 1,384, Anm. 9.; Duchesne, Fastes 3,159.

[458] Nach der (älteren) Mainzer Vita quarta Bonifatii (Levison 90f.):
"*Contigit namque predictum principem cum exercitu contra Saxones ire simulque Geroldum antistitem cum suis Karolo suffragando et hostibus refragando certamini interesse. [...] venerabilis antistes Geroldus [...] occubuit*".
Diese Tradition wird bestätigt durch ein von Serarius 259 überliefertes Distichon, das den Tod des Bischofs in der Schlacht als verdient darstellt:
"*Ense Geroldus obit Praesul, dum dimicat ense.
  Perplacet ergo chorum, non adiisse forum*".

[459] Ep. 24 (Tangl 42,25/30).

[460] Identifizierung mit Gerold nach Tangl 42, Anm. 2. zu Ep. 24; vgl. Hauck, Kirchengeschichte 1,439; Schieffer, Winfrid-Bonifatius 149; Ewig, Milo 418.

ob von Mainz, handeln dürfte[461]. Dieser wird als "Sohn eines ehebrecherischen Klerikers und Mörders" geschildert, der seine Erziehungsaufgaben vernachlässigte[462]. Stimmt die Gleichsetzung, liegt hiermit eine überaus deutliche Charakteristik Gerolds vor. Sie kommt der Wahrheit ohne Zweifel nahe, da diesem nicht nur - vermutlich von einer Konkubine - ein Sohn geboren worden war, sondern er auch am Sachsenkrieg teilgenommen hatte. Die eingangs geschilderten Zeitumstände, in denen Milo von Trier als typischer Vertreter vieler unter Karl Martell eingesetzter Bischöfe galt - offenbar auch Gerolds -, stellen den passenden Rahmen dar.

Gerold ist also mit hoher Wahrscheinlichkeit den fränkischen Adligen zuzurechnen, die ohne geistliche Eignung zum Bischof bestellt wurden. Die Anfangszeit seines auf Rigibert folgenden Pontifikats darf bereits innerhalb der ersten Jahre der Regierung Karl Martells (714-741) angenommen werden. Denn wenn auch die Sachsenschlacht, in der Gerold getötet wurde, nicht genau datierbar ist (738?), kann über ihn zumindest ausgesagt werden, daß er zu diesem Zeitpunkt wohl schon recht alt - und damit wahrscheinlich lange im Amt gewesen ist. Dafür spricht eine Bemerkung in der Mainzer Bonifatiusvita, nach der Gerolds Sohn und Nachfolger Gewiliob nicht lange nach dessen Tod (*non multo post*) selbst schon in reifem Alter war (*etate maturus*)[463].

3.5.10.2. Gewiliobus

Daß Gewiliob seinem Vater in der Vernachlässigung seiner Bischofspflichten nicht nachstand, wurde in der bereits zitierten Nachricht des Zachariasbriefes vom 31. Oktober 745 deutlich[464]. Er wird dort als falscher Bischof von unzüchtiger Herkunft beschrieben, über den Bonifatius dem Papst "schlimme und schreckliche

---

[461] Hauck, Kirchengeschichte 1,384, Anm. 9; mit Bedenken auch Ewig, Milo 422.

[462] Ep. 60 (Tangl 122,7/10):
Nam de illo similiter *falso episcopo, quem dixisti adulterati clerici et homicide filius in adulterio natus et absque disciplina nutritus* et cetera mala et horribilia, quae per singula enarrasti, ac per hoc et sui similes sacerdotes consecravit, de hoc meminerit tua reverenda fraternitas, quia tibi iam vicibus scripsimus, ut nullus homicida, nullus adulter, nullus fornicator ministerium debeat attrectare".

[463] Vita quarta Bonifatii (Levison 91, 10f.; 25).

Dinge" berichtet hat und der selbst zu den Mördern, Ehebrechern und Unzüchtigen im Bischofsamt gerechnet wird. Aus einer späteren Stelle desselben Briefes von 745, an welcher "der Verführer namens Geoleobus" zweifellos mit Gewiliob identisch ist, geht klar hervor, daß er seines zu Unrecht ausgeübten Bischofsamtes gerade enthoben worden war und sich zur Appellation an den Papst auf dem Weg nach Rom befand[465]. Offenbar hatte Bonifatius die Absetzung auf der gesamtfränkischen Synode durchgesetzt, die von Karlmann und Pippin im Frühjahr 745 einberufen worden war[466]. Die Größe der Vergehen, die ihm von Bonifatius zur Last gelegt und dem Papst mitgeteilt worden waren, läßt sich noch an einer Aussage in einem Brief vom 4. November 751 ermessen: Mit spürbarer Erregtheit bezeichnet Zacharias einen Bischof, hinter dem man Gewiliob vermutet, als "*episcopus condempnatus, [...] qui pugnator et fornicator existit*", der selbst nach seiner Absetzung noch Kirchengut für sich beanspruche[467].

Genaueren Aufschluß über das Wesen Gewiliobs und den Grund seiner Absetzung geben die auf dem alten Gedicht fußenden Bonifatiusviten, die grundsätzlich in Einklang mit den besprochenen Nachrichten aus der päpstlichen Korrespondenz stehen und daher im Kern glaubwürdig sind[468]: Nach den Viten unternahm Karlmann nicht lange nach dem Tod Gerolds und dem Amtsantritt Gewiliobs wohl im Jahre 743 oder 744 einen erneuten Kriegszug gegen dieselben Sachsen, denen Ge-

---

[464] Ep. 60; vgl. Anm. 462.

[465] Ep. 60 (Tangl 124,5/8):
"*In tertia namque tua epistola intimasti nobis de alio seductore nomine Geoleobo, qui antea false episcopi honore fungebatur et quia sine cuiuscumque consultu apud nos properat. Et dum advenerit, ut Domino placuerit, fiet*";
Hauck, Kirchengeschichte 1,384, Anm. 9 erklärt das Reden an zwei Stellen des Briefes von demselben Bischof, wobei erst an der zweiten der Name fällt, damit, daß Zacharias mehrere Briefe des Bonifatius hintereinander beantwortet.

[466] Vgl. etwa Hauck, Kirchengeschichte 1,384, Anm. 9; 521f.; Duchesne, Fastes 3,159; Schieffer, Winfrid-Bonifatius 229f.; Ewig, Abwendung 17; die Synode auf der u.a. Maßnahmen gegen pflichtvergessene und unzüchtige Priester sowie Bischöfe beschlossen wurden, ist für das Frühjahr 745 sicher bezeugt durch Ep. 60 (Tangl 121,16/26) und Ep. 61 (Tangl 125,15/22).

[467] Ep. 87 (Tangl 199,7/10).

[468] Vita quarta Bonifatii (Levison 91/3); Vita Bonifatii auctore Otloho 1,40/3 (Levison 154/7).

rold zum Opfer gefallen war[469]. Nun nahm sein Sohn Gewiliob teil und nützte die Gelegenheit, um den Mörder seines Vaters ausfindig zu machen und an ihm Blutrache zu üben: In der Mitte der Weser tötete der Bischof mit dem Schwert sein argloses Opfer, das er zur Unterredung bestellt hatte[470]. Von dieser Schandtat, die zunächst nach germanischer Sitte keinem als Verbrechen galt, erfuhr Bonifatius, der Vikar des hl. Stuhles. Auf sein Betreiben hin wurde Gewiliob endgültig abgesetzt, wobei die Synode des Jahres 745 auch in den Viten nicht ausdrücklich erwähnt wird[471]. Sein oben erwähnter Protest beim Papst blieb jedenfalls erfolglos.

----

[469] Während die Vita quarta Bonifatii (Levison 91,11) den zweiten Sachsenkrieg - wie den ersten - unter Karl Martell (714-741) stattfinden läßt, hat hier eher die Vita Bonifatii auctore Otloho 1,41 (Levison 155,6) das Richtige bewahrt, die das Ereignis in die Zeit Karlmanns (741-747) datiert. Hauck, Kirchengeschichte 1,384, Anm. 9 argumentiert überzeugend, daß im Falle einer zeitlichen Ansetzung vor den Sachsenkämpfen des Jahres 743 (vgl. ebd. 521) Bonifatius schon auf dem ersten fränkischen Reformkonzil vom 21. 4. 742 (743) oder spätestens im März 743 (744) in Les Estinnes (vgl. zu beiden Synoden ebd. 484; 493f.; die je spätere Ansetzung ist wahrscheinlicher nach Schieffer, Winfrid-Bonifatius 209f.; 213; 215/8; vgl. Ewig, Abwendung 16) gegen Gewiliob hätte vorgehen können; Schieffer, Winfrid-Bonifatius 230 datiert die zweite Sachsenschlacht in das Jahr 744; wenig wahrscheinlich ist die Ansicht Kellners, Feldzüge 153, der Gerold und Gewiliob beide als Opfer in ein und demselben Feldzug von 743 sehen möchte.

[470] Vita quarta Bonifatii (Levison 91,9/21); die Vita Bonifatii auctore Otloho 1,41 (Levison 156,31f.) enthält in zwei Hexametern den Ausruf Gewiliobs bei der Tat und hat damit vielleicht den ursprünglichen Wortlaut der metrischen Vorlage bewahrt:
"'Accipe iam ferrum, quo patrem vindico carum'.
Haec igitur dicens, gladio mox perfodit illum."

[471] Nach der vom Mainzer Presbyter verfaßten Vita quarta Bonifatii (Levison 92,18/22) sei Gewiliob gar sofort nach der Aufforderung durch Bonifatius ohne einen Synodalbeschluß freiwillig zurückgetreten:
"(Gewelib) a sancto Bonifatio admonitus statim sine repugnatione honestis monitis consentit et sine sinodali disceptatione sedem et parrochiam [...] redonavit".
Die Absetzung fand nach Otloh (Vita Bonifatii 1,41; Levison 156,10f.) aber *"in conventu synodali"* statt, was durch die zitierte Bemerkung des Papstes Zacharias in Ep. 60 (vgl. S. 121 m. Anm. 465f.) zweifellos als richtig erwiesen ist. Von Einsicht Gewiliobs, mit der er sich auch nach Otloh (Vita Bonifatii 1,41; Levison 156,19: *"iudicio consentit communi"*) dem Urteil beugte, kann jedoch keine Rede sein, da er noch in demselben Jahr seine Rehabilitation in Rom betrieb (Ep. 60; vgl. Anm. 465); vgl. Hauck, Kirchengeschichte 1,524; Ewig, Milo 422, Anm. 50; in Ep. 87 begegnet eine noch klarere Aussage, falls diese auf Gewiliob zu beziehen ist (vgl. S. 121 m. Anm. 467).

Nachdem somit für die Amtszeit Gewiliobs zum ersten Mal bei einem Mainzer Bischof ein historisch nahezu zweifelsfreier Endpunkt bestimmt werden konnte, erlaubt insbesondere die ältere Mainzer Vita des Bonifatius noch einige Rückschlüsse auf Herkunft und Charakter seines letzten Vorgängers. Da Gewiliob am Königshof gern gesehen war, wird er dem austrasischen Hochadel um Karl Martell angehört haben. Tatsächlich stammte er offenbar nicht aus dem Mainzer Raum, sondern wurde von außerhalb noch als Laie auf den Bischofsstuhl seines Vaters berufen[472]. Jedenfalls scheint er dann aber die Bischofsweihe empfangen zu haben[473]. Über seine Amtsführung gibt eine Randbemerkung in der Mainzer Bonifatiusvita, bei der sonst in bezug auf Gewiliob teilweise apologetische Tendenzen spürbar sind, einigen Aufschluß: Vor der von Gewiliob geübten Blutrache, die ihn schließlich als "*rudis adhuc presul*" erwies, habe "lediglich" seine Jagdleidenschaft Anlaß zur Klage gegeben[474]. Wie bereits aus den Papstbriefen kann auch aus dieser Stelle abgeleitet werden, daß Gewiliob zu den vielbeklagten Bischöfen nach der Art eines Milo von Trier gehörte, die ihre geistlichen Aufgaben weltlichen Vergnügungen hintansetzten.

Nach dem Verlust seines Bistums, so berichtet die Mainzer Bonifatiusvita weiter, erhielt Gewiliob - wohl gleichsam als Ersatz, den man ihm anbieten mußte,- ein Landgut im bei Bingen gelegenen Sponsheim sowie die dortige Kirche von Kemp-

---

[472] Die Vita quarta Bonifatii (Levison 91,4) nennt ihn vor seiner Einsetzung als Bischof "*in palatio regis acceptissimus*", die Vita Bonifatii auctore Otloho 1,41 (Levison 156,13) "*adhuc laicus in palatio*"; gegen eine Mainzer Herkunft seiner Familie spricht, daß er über keine Erbschaft in dieser Region, sondern nur über von ihm selbst erwirtschaftete Mittel verfügte (Vita quarta Bonifatii; Levison 92,23f); vgl. Ewig, Milo 422 m. Anm. 51f.

[473] In Ep. 60 der Bonifatiuskorrespondenz (Tangl 122,7/10; zitiert in Anm. 462) wird von ihm ausgesagt, daß er Priester geweiht habe; Kleriker muß er jedenfalls gewesen sein, da er nach seiner Absetzung die Kirche Bingen-Kempten als Abfindung erhielt; vgl. Ewig, Milo 422, Anm. 51.

[474] Vita quarta Bonifatii (Levison 91,25; 6/9):
"*Hic autem honestis moribus, ut ferunt, suam vitam circumspexit, nisi tantum quod cum herodiis et canibus per semet ipsum iocabatur*"
Nach der Vita Bonifatii auctore Otloho 1,42 (Levison 156,13/5) war neben der Mordtat Gewiliobs vor allem die von ihm praktizierte Jagd mit Hunden und Falken Anlaß zur Absetzung; die austrasische Nationalsynode vom 21. 4. 742/3 hatte Klerikern die Jagd untersagt; MGH. Cap 1,25 Nr. 2; Vita Bonifatii auctore Otloho 1,36 (Levison 150,4/6); vgl. Hauck, Kirchengeschichte 1,487.

ten zu Benefiz, die er noch 14 Jahre geleitet habe. Daß er Buße getan und zu einem vorbildlichen frommen Lebenswandel zurückgefunden habe, geht wahrscheinlich erst auf die Mainzer Lokaltradition zurück, die verständlicherweise später die Ehre ihres Bischofs zu retten bemüht war[475].

Zumal der Wahrheitsgehalt der letzten Nachrichten in Zweifel zu ziehen ist, war die Absetzung Gewiliobs zusammen mit anderen "falschen Klerikern" auf der Synode des Jahres 745 heilsam und notwendig für die Kirche und markiert einen Einschnitt in der fränkischen und speziell in der Mainzer Kirchengeschichte. Aufgrund des vorzeitig herbeigeführten Endes hat die Amtsdauer dieses letzten Bischofs vor Bonifatius wohl nur wenige Jahre betragen.

3.6. Die Alban- und Theonestlegende

Nach der Untersuchung der vorbonifatianischen Bischofsnamen, die in den Mainzer Bischofslisten überliefert sind, soll abschließend noch eine Legende in den Blick genommen werden, welche möglicherweise von einem weiteren frühen Bischof der Stadt handelt. Für die Römerzeit sind mit Sophronius, Aureus und Maximus, auf den dann sogleich der Bischof des sechsten Jahrhunderts Sidonius folgt, nach den obigen Ausführungen lediglich drei - wenn auch keineswegs allesamt gut bezeugte - Bischöfe verblieben, die Mainz auf der Grundlage der Bischofslisten mit Recht für sich beanspruchen kann. Für einen Zeitraum von etwa 100 Jahren, wenn

---

[475] In deutlichem Widerspruch zu den Nachrichten aus der Bonfiatiuskorrespondenz (vgl. S. 121f. m. Anm. 465; 471) habe Gewiliob nach der Vita quarta Bonifatii (Levison 92,19/93,6) seine Vergehen eingesehen, auf sein Amt verzichtet und sein erwirtschaftetes Vermögen dem Martinsdom gespendet. Die Vita fährt daraufhin fort:
"*In beneficium Spanesheim villulam et ecclesiam que Caput Montis dicitur (= Kempten) acceperat et exinde quatuordecim annos honeste in suo domo erat et maxime hospitalitatis gratie operam dabat [...]*".
Daß sich Gewiliob nach seiner verdienten Strafe aus Reue ins Kloster zurückgezogen habe, berichten zwei Disticha, die Latomus, Catalogus 438 "epitaphii loco" überliefert hat (auch abgedruckt in Anm. 7 zur Vita quarta Bonifatii [Levison 91]):
"*Patri(u)s affectus me movit ad arma cruenta,
  poenam quam merui dignius ergo tuli.
in claustro latui pro crimine tempore vitae
  At licet hic lateam, spero salutis opem*".

man die Anfänge der bischöflichen Leitung um die Mitte des vierten Jahrhunderts ansetzen will, ist die Zahl gerade bei den Bedrängnissen in dieser Zeit recht gering. Die Vermutung liegt nahe, daß die Bischofslisten, die in ihrem Beginn uneinheitlich sind und, wie gezeigt, irrtümliche Erweiterungen aufweisen (Crescens, Mar[t]inus, Bothadus, Ruthardus), unvollständig sind. Daß man keine sehr genaue Erinnerung an die Anfänge der Mainzer Kirche bewahrt hatte, wird schon dadurch bestätigt, daß selbst von den erhaltenen Namen Sophronius und Maximus keine spätantike oder mittelalterliche Quelle etwas zu berichten weiß.

Für die Lückenhaftigkeit der Listen in bezug auf die Bischöfe der Römerzeit spricht insbesondere die Tradition von Theonest / Theomast, der von mehreren Quellen als Mainzer Bischof bezeugt ist, ohne daß ihn die Listen kennen würden. Daß die Erinnerung an ihn in Mainz aber nicht völlig verlorenging, zeigt vor allem die im Jahr 791 urkundlich erwähnte Kirche St. Theomast, die in der Bezeichnung "Dimesser Ort" auch nach ihrer Niederlegung im Volksmund weiterlebte[476].

Die erste Nachricht von einem Mainzer Bischof dieses Namens begegnet indessen schon bei Gregor von Tours (540-594):

*"Von Theomast wird berichtet, daß er, gemäß der Auslegung seines Namens in seiner Heiligkeit 'wunderbar' (θαυμαστός), Bischof der Stadt Mainz (Momociacensis urbis[477]) gewesen sei. Aus irgendeinem Grund wurde er aus dieser Stadt vertrieben und ging nach Poitiers. Dort beendete er, am rechten Glauben festhaltend, sein gegenwärtiges Leben. [...]
Sein Grab befindet sich überirdisch vor der Basilika (atrium) des seligen Hilarius. Von vielen wird von seinem Grabhügel Staub abgekratzt, der, wenn man ihn trinkt, gegen Zahnschmerzen und Fieber hilft, so daß, wer den Trunk zu sich genommen hat, die Wirkung bewundert"*[478].

---

[476] Vgl. zu St. Theomast S. 44f. m. Anm. 158.

[477] Zur Identität der 'Momociacensis urbs' mit Mogontiacum vgl. S. 104, Anm. 391.

[478] Gregor von Tours, Liber in gloria confessorum 52 (MGH. SRM 1,779,1/10; verfaßt zwischen 573/594; Altaner 477):

*"Theomastus quoque iuxta expositionem nominis sui mirabilis sanctitate Momociacensis urbis fuisse fertur episcopus. De qua urbe causa nescio qua demotus, pictavum oppidum petiit, ibique praesentem vitam, in bona perdurans confessione, finivit. [...].
Hic ergo super terram sepulchrum habet ante ipsum atrium beati Helari. De quo tumulo erasus a multis pulvis et haustus ita dolori dentium febriumque medetur, ut qui hauserit miretur effectum".*

125

Bereits im sechsten Jahrhundert wurde also in Poitiers der aus Mainz vertriebene Bischof Theomast verehrt, von dessen Grab vor der Hilariusbasilika man sich Wunderkräfte versprach. Da Gregor keine Informationen mehr über die Vertreibung des Bischofs besaß, scheint diese schon lange vor seiner Zeit stattgefunden zu haben[479].

In der Mainzer Hagiographie erscheint Theomast nur unter dem Namen Theonest, zum ersten Male bei Hrabanus Maurus in der Mitte des neunten Jahrhunderts. Seinem Martyrologium, in dem die Legende vom hl. Theonest mit der des Märtyrers Alban verbunden ist, können genauere Informationen zu den Umständen der Flucht entnommen werden:

"21. Juni:
In Mainz (wurde) der Geburtstag des Märtyrers Alban (begangen), der unter dem Kaiser Theodosius von der Insel Namsia mit dem hl. Theonest und Ursus nach Mailand kam. Von dort gelangte er mit Gottes Hilfe nach Gallien, verblieb im Dienste Gottes und war bereit zum Martyrium im Namen des Heilands. Nachdem jedoch der selige Ursus in Aosta[480] das Martyrium erlitten hatte, gelangte Theonest mit Alban nach Mainz. Und während er dort das Wort Gottes predigte, vollendete sein Schüler Alban das Martyrium und wurde dort, in der Nähe der zuvor genannten Stadt, bestattet"[481].

---

[479] Unverständlicherweise ordnet Duchesne, Fastes 3,157f. "Thaumastus" nach diesem Zeugnis erst hinter Sidonius (6. Jh.) ein, der noch teilweise ein Zeitgenosse Gregors war; ebenso in das 6. Jh. datieren ihn Böhne, Theonestos 83 u. George, Venantius Fortunatus 210.

[480] Staab, Mainzer Kirche 65, Anm. 122 stellt überzeugend heraus, daß mit "Augusta civitas" nicht, wie in der Literatur häufig anzutreffen, Augsburg oder Kaiseraugst, sondern das italienische Aosta ("Augusta Praetoria in Salassiis"; vgl. schon D. Papebrochius: ActaSS Juni V (De Albano) 76,3 A) bezeichnet sein wird, wo Sant'Orso nach der dortigen Legende im 6. Jh. von Arianern umgebracht wurde; aus chronologischen Gründen muß man die Koppelung von Alban und Ursus bei Hraban dann als "gelehrte Mutmaßung" auffassen, da Alban - vor allem aufgrund der Errichtung der Albansbasilika - bereits dem 5. Jh. zuzuordnen ist.

[481] Hrabanus Maurus, Martyrologium ad Juni 21 (CCM 44,60,225/34):
"In Mogontia natale Albani martyris, qui sub Theodosio imperatore de insula Namsia pergens cum sancto Theonesto et Urso Mediolanum venit. Indeque exiens auxiliante Domino pervenit ad Gallias in servitio Dei manens, ad martyrium pro nomine Savatoris promptus. Postquam autem in Augusta civitate beatus Ursus martyrium accepit, Theonestus cum Albano Mogontiacum pervenit. Dumque ibi praedicaret verbum Dei,

Theonest reiste nach Hrabanus Maurus also von einer sonst unbekannten Insel Namsia[482] mit seinem Schüler Alban über Italien bis nach Mainz, wo dieser den Tod fand. Die Geschehnisse setzen zur Zeit des Kaisers Theodosius ein, womit sicherlich Theodosius I. (379-395) gemeint ist. Das Martyrium des Alban könnte nach dieser Darstellung ohne weiteres mit dem Vandaleneinfall von 406/7 in Verbindung gebracht werden, wenn man für die Reise und das unbeschadete Wirken in Mainz durchaus realistische zehn bis zwanzig Jahre veranschlagt.

Eine Weiterentwicklung der Legende stellen die drei bekannten Theonestviten dar[483], von denen in den Acta Sanctorum zwei vollständig ediert sind, eine kurze aus dem zehnten, die andere etwas umfangreichere aus dem elften Jahrhundert, und von der dritten, einem Florentiner Legendar, Auszüge geboten werden[484]. Es soll hier genügen, sie in ihren für die Einordnung des Theonest bedeutsamen Grundzügen darzustellen[485]:

a) Die älteste Version aus dem zehnten Jahrhundert, die einsetzt mit der Zeitangabe *"Tempore Theodosii imperatoris"*, folgt - mit einigen Anreicherungen - grundsätzlich dem im Martyrologium des Hrabanus Maurus vorgegebenen Geschehensablauf.

Albanus discipulus eius martyrium explevit et sepultus est ibi iuxta praedictam civitatem".
vgl. zum Martyrologium Hrabans S. 83, Anm. 308.

[482] D. Papebrochius möchte eine Verschreibung aus "Naxiam insulam" = Naxos annehmen. Auf dieser Insel könnte Theonest, der nach den im folgenden behandelten Viten als Bischof aus Philippi vertrieben worden war, mit seinen Schülern Zwischenstation gemacht haben, bevor er nach Italien gelangte (ActaSS Juni V [De Albano] 75,3; vgl. ActaSS Oct. XIII [De Theonesto] 342,22); diese Gleichsetzung hält Staab, Mainzer Kirche 65, Anm. 122 für "nicht sehr überzeugend"; Ledroit, Christenum 154 gibt ohne jede Begründung 'Samos' als Reiseetappe an.

[483] BHL 8110; 8111/3; 8114

[484] ActaSS Oct. XIII (De Theonesto) 335/48 (347f.: BHL 8110 saec. X; 345/7: BHL 8111/3 saec. XI; 347, Anm. b: BHL 8114 = legendarium Florentinum senatoris Strozzi).
In weiten Teilen haben diese Theonestviten, vor allem die längere, der Passio S. Albani des Gozwin d.Ä. als Vorlage gedient, der offenbar eine besondere Albanlegende neben der Theonestlegende erstellen sollte; Staab, Mainzer Kirche 54; vgl. zur Passio Gozwins Anm. 221; da die Passio in bezug auf Theonest somit lediglich sekundäre Informationen bietet, wobei mit rhetorischem Geschick Theonest zur "Präfiguration des Bonifatius" (Staab, Mainzer Kirche 68) hochstilisiert wird, kann sie hier, wo die Quellen erhalten sind, außer acht bleiben.

[485] Ausführliche Inhaltsangaben der drei Viten sowie der Passio S. Albani Gozwins d.Ä. bei Staab, Mainzer Kirche 65/8.

Zusätzlich wird aber über das weitere Schicksal des Theonest berichtet, daß er nach dem Tod seiner Schüler Ursus in Aosta und Alban in Mainz "*mit seinen* (hier erstmals erwähnten) *Schülern Tabra und Tabratha nach Gothien ging und dort von Christus predigte*". Von den Goten in einem durchlöcherten Schiff ausgesetzt, sei er mit Gottes Hilfe schließlich nach Venetien gelangt, wo er in Altino bei Venedig mit Tabra und Trabratha auf einer Brücke über dem bei Treviso entspringenden Fluß Silis enthauptet worden sei und selbst seinen Kopf zum Bestattungsort getragen habe[486]. Die formelhafte Schlußbemerkung, in der ausgesagt wird, daß dies "*unter dem Kaiser Theodosius am 22. November*" geschehen sein soll, kann - wie bei der nachfolgend behandelten längeren Vita[487] - sekundär sein und aus der eingangs erwähnten Zeitangabe des Reiseantritts hierher übernommen worden sein.

b) Das Florentiner Legendar[488] läßt den "vir Dei" Theonest mit Alban und Ursus "*zur Zeit des Theodosius*" erstmals aus der Provinz Philippi über die Insel "Nansia" nach Italien kommen[489]. Es entspricht ansonsten weitgehend der obigen Darstellung, übergeht aber, soweit aus den edierten Auszügen hervorgeht, die Flucht nach Gothien.

c) Die längere Theonestlegende aus dem elfen Jahrhundert datiert die Vorgänge erst in die Zeit des Vandalenkönigs "Honori(c)us" (=Hunerich; 477/84) und des von

---

[486] ActaSS Oct. XIII (De Theonesto) 347 E/F; 348 A/D:
" *[...] Tunc beatus Theonestus [...] cum duobus aliis Tabram et Tabratham in Gothiam pervenit, et ibi Christum praedicavit. Tunc turbae Gothorum perforaverunt naviculum unam et duxerunt beatum Theonestum et posuerunt in naviculum [...].*
Et statim, Domino annuente, per Odronto civitatem (wohl Hydruntum (Otronto) an der ital. Adriaküste; nach B. Bossue in: ActaSS Oct. XIII (De Theonesto) 347 c) *in Venetias, et inde in Altinam civitatem pervenit, et in eadem Christum praedicavit [...].*
*Et multitudo populorum persecuti sunt eos usque ad pontum [...] et ibi comprehendentes beatum Theonestum cum discipulis suis, interfecerunt eos. Et ipse caput suum in manibus suis portavit [...] et discipuli eius similiter fecerunt [...]. (**Acta sunt autem haec in civitate Altina sub Theodosio imperatore**, sub die X kl. Decembres [...].)*"

[487] Vgl. Anm. 491.

[488] Diese Version ist sicher älter als die Vita des 11. Jh., wie Staab, Mainzer Kirche 66, Anm. 124 gegen B. Bossue (ActaSS Oct. XIII [De Theonesto] 347 B) gezeigt hat, der fälschlich von einem "recens narrator" spricht.

[489] ActaSS Oct. XIII (De Theonesto) 347 A/B:
"*Igitur egressus est Theonistus vir Dei ex aeadem Philippensium provincia temporibus supradicti Theodosii imperatoris [...]*".

ihm einberufenen Religionsgespräches von Karthago (484)[490], an dem Theonest als einer von 670 Bischöfen teilgenommen habe. Er wird als von seinem Sitz vertriebener Bischof geschildert, der mit seinen Schülern Alban, Ursus sowie Tabra und Tabratha aus Philippi nach Italien und schließlich nach Mainz gelangt sei. Dort habe Alban das Martyrium erlitten, *"als die Flut der Arianer und Gothen eintraf"*. Auf leicht modifizierte Weise wird endlich der Weg Theonests nach Altino in Venetien geschildert, wo er wie beschrieben den Tod gefunden habe[491].

Für die schwierige Aufgabe, aus den vorangehend skizzierten hagiographischen Nachrichten den historischen Kern herauszuschälen, hat E. Ewig[492] ein tragfähiges Lösungskonzept vorgelegt: Mit guten Gründen sieht er in der Passio Theonesti ein "Mixtum compositum" und unterscheidet zwei ursprünglich unabhängige Traditionen, die offenbar in karolingischer Zeit kombiniert wurden: Den Rahmen der Passio liefert seiner Ansicht nach eine aus Italien stammende Schicht, zu der die Namensform 'Theonestus', die Zeitangabe "temporibus Theodosii", die Herkunft aus

---

[490] Zur Identifikation mit Hunerich, woran schon die weiteren Angaben keinen Zweifel lassen, vgl. auch die Form "Honoricus (al. Honericus)" bei Gregor von Tours, Historia Francorum 2,3 (MGH. SRM 1,1^1,66,5); Ewig, Bischofsgräber 179; zum Vorgehen Hunerichs in Afrika und dem Religionsgespräch vgl. Schmidt, Wandalen 103/8.

[491] ActaSS Oct. XIII (De Theonesto) 345,1 A; 345/6,6; 9f.; 347 A:
"Temporibus piissimi (al. impiissimi) regis Honorii (al. Honorici regis), Persarum atque Medorum, Vandalorum gentis, [...] ubi, dum Carthagine synodus congregaretur, [...] sexcenti septuaginta episcopi ibidem convenerunt. Inter quos vir valde egregius **Theonestus a Philippis expulsus, et propria sede privatus** *[...] Romam venit, una cum discipulis suis Albano et Urso [...] et Tabra et Tabratha [...].*
Indeque [...] **venerunt civitatem Moguntiam***, ubi etiam, cum fluxus Arianorum atque Gothorum advenerit, ipsique fidei veritatem exponuerunt, [...] arreptum Albanum educentes foras civitatem, ictu ferientis caput eius abscissum est [...].*
(Theonestus) per medias Gallias remeans [...] Sciciliamque veniens [...] atque Venetiam veniens, et verbum veritatis annuntians, usque **in Altinum venit;** *[...] ibidemque* **martyrium coronati***, ita ut Tabra in capite pontis decollatus sit, et Theonestus in medio ponte, et Tabrata ex alia parte pontis [...] pariter decollati sint [...]* (Nur in einem von drei kollationierten Codices findet sich am Ende der sicherlich sekundäre Zusatz: *Acta sunt haec sub decima kalendarum novembrium* [23.10] *in Altino civitate, sub Theodosio imperatore Augusto.).*

[492] Ewig, Bischofsgräber 179/81.

Namsia bzw. Philippi, die Reise durch Italien nach Altino mit dem dortigen Martyrium[493] sowie die Gefährten Tabra und Tabratha[494] gehören.

Für die Mainzer Tradition verbleiben somit die Zeitangabe der Vita des elften Jahrhunderts *"temporibus regis Honori [...] Vandalorum gentis"*, der Reisegefährte Alban und die in der Vita des zehnten Jahrhunderts erwähnte Flucht nach Gothien[495]. Als ursprünglicher Name des in Mainz verehrten Bischofs kann zudem sicher 'Theomastus' angegeben werden, wie er durch die oben behandelten Quellen noch im achten Jahrhundert eindeutig bezeugt ist[496]. Noch bevor Hrabanus Maurus sein Martyrologium verfaßt hat, in dem die Theonesttradition bereits greifbar ist, muß somit die Erstredaktion der Passio vorgenommen worden sein. E. Ewig vermutet daher, daß Mainzer Gelehrte der Karolingerzeit, die nach weiteren Informationen zu Lokalheiligen Ausschau hielten, kurzerhand Theonest von Altino wegen der Namensähnlichkeit mit Theomast von Mainz identifiziert und die jeweils vorfindlichen Angaben vermischt haben[497].

Wenn dieser aber tatsächlich zusammen mit Alban als seinem Schüler nach Mainz gekommen ist, kann die der Mainzer Tradition zugerechnete Datierung in die Zeit des Hunerich nicht zutreffen. Schon die im Zusammenhang der Aureustradition behandelte Inschrift "in sacello"[498] bezeugt m. E. durchaus glaubhaft, daß der hl. Alban "im Jahre 404" zur Zeit des Kaisers Honorius (393-423) "von fernen Küsten" nach Mainz gekommen sei und das Martyrium erlitten habe. Da auch die erste Al-

---

[493] Die Verehrung des Theonest in der Gegend von Altino ist schon durch eine im August 710 im nur wenige Kilometer entfernten Treviso ausgestellte langobardische Schenkungsurkunde bezeugt, wo jener als Klosterpatron erwähnt wird: *"sancto Petro et Sancto Paulo et Sancto **Tehonisto** monasterio, qui est constitudus in loco qui dicitur Civitatecla* ["kleine Stadt"?] (Schiaparelli, Codice diplomatico 1,36,7/9, Nr. 14); vgl. Ewig, Bischofsgräber 180; auch in Vercelli wurde Theonest verehrt, wo man glaubte - vielleicht nach einer Reliquienübertragung -, sein Grab zu besitzen, über dem Eusebius von Vercelli in einer Basilika bestattet worden sein soll; Martyrologium Romanum (1940) 485; Böhne, Theonestos 82.

[494] Daß Tabra und Tabratha von der Tradition um Alban zu trennen sind, zeigt schon die recht späte Einführung jener beiden als Theonestschüler in der Vita des 10. Jh.; vgl. Staab, Mainzer Kirche 65.

[495] Ewig, Bischofsgräber 180.

[496] Nach der Urkunde von 751 und Gregor von Tours (vgl. S. 125), bei dem eine Verschreibung durch die Herleitung von θαυμαστός ausgeschlossen ist.

[497] Ewig, Bischofsgräber 180.

[498] Ausführlich zitiert auf S. 85f. m. Anm. 316.

bansbasilika auf dem Mons-Martyrum, dem späteren Albansberg, wohin der Heilige wohl nicht lange nach seinem Tod überführt worden ist[499], schon in der ersten Hälfte des fünften Jahrhunderts entstanden sein muß[500], kann an seinem Martyrium bereits beim Vandaleneinfall von 406/7 kaum ein Zweifel bestehen. Hunerich muß also erst nachträglich in die Überlieferung geraten sein, vielleicht auf dem Wege, daß man im neunten oder zehnten Jahrhundert mit 'Vandalen' fälschlich die Verfolgung unter Hunerich assoziierte[501]. Alternativ zu den letzten Ausführungen scheint aber - ohne im wesentlichen zu einem anderen Ergebnis zu führen - auch die Möglichkeit denkbar, daß die schon im Martyrologium Hrabans auftauchende Zeitangabe "*temporibus Theodosii*" doch auf den Mainzer Theomast zu beziehen ist. Man müßte dann nur eine schon zu Lebzeiten Theodosius des Großen begonnene mehrjährige Reise annehmen, um den Aufenthalt von Theomast und Alban in Mainz noch zur Zeit des Vandaleneinfalls zu ermöglichen[502]. Die Legende von der Flucht des Theomast nach "Gothien" steht dabei durchaus in Einklang mit der zuverlässigen Nachricht Gregors von Tours, daß jener in Poitiers gestorben sei. Vielleicht schon zur Zeit seines Todes, in jedem Falle aber, als sich die mündliche Tra-

---

[499] Unter dem in der Inschrift genannten "sacratus locus", zu welchem Alban angeblich mit eigenen Händen seinen Kopf von der Marterstätte über die St. Albansruhe (sacellum Albani) getragen habe, ist mit Bestimmtheit der Mons-Martyrum im Süden der Stadt zu verstehen; vgl. S. 82f. m. Anm. 316; S. 94 m. Anm. 346.

[500] Vgl. S. 45; vor allem der Ausgrabungsbefund an St. Alban verbietet die im Martyrologium Romanum (1940) 248; 250 vorgeschlagene Identifizierung des Mainzer Heiligen Alban (21. Juni) mit dem englischen Märtyrer gleichen Namens (22. Juni); vgl. Büttner, Albanverehrung 13; Dassmann, Anfänge 52f.

[501] So Ewig, Bischofsgräber 180, der der Angabe einen "pseudogelehrten Charakter" zuschreibt; möglicherweise wurde der Fehler durch die von der angeführten Inschrift vorgenommene (richtige) Datierung in die Zeit des weströmischen Kaisers "Honorius" provoziert.

[502] Vgl. S. 127; wenn auch einige Stationen der in den Theonestviten geschilderten Reise besser zur italienischen Tradition passen, so braucht doch keinesfalls ausgeschlossen zu werden, daß Theomast und Alban ihrerseits erst nach langem Weg in die Stadt Mainz kamen; die soeben zitierte Bemerkung der Inschrift "in sacello", Alban (und damit auch Theonest) sei "von fernen Küsten" gekommen, findet eine Bestätigung schon in der nüchternen Schilderung des Martyrologiums Hrabans, die etwa Büttner, Christentum am Mittelrhein 14 als "gut zu den Zeitverhältnissen passend und durchaus glaubwürdig" einschätzt.

dition über den Bischof zu verfestigen begann, stellte Aquitanien nämlich den Kern des von 418 bis 507 bestehenden Tolosanischen Reiches der Westgoten dar[503].

Als möglicherweise echte Elemente der Theonesttradition, die sich auf den Mainzer Bischof Theomast beziehen, können also folgende Grundzüge zusammengefaßt werden: Theomast scheint vor der Zerstörung von 406/7 als Zeitgenosse Albans Bischof in Mainz gewesen zu sein. Ob er bereits als Bischof von einem anderen Sitz vertrieben worden war[504] und erst nach längerer Reise mit seinem Schüler Alban in Mainz eingetroffen ist, kann nicht mehr eindeutig geklärt werden, da diese Angaben vielleicht dem italienischen Traditionsstrang um Theonest zugeordnet werden müssen. Jedenfalls darf seine Vertreibung aus Mainz wohl beim Vandaleneinfall, dem Alban zum Opfer fiel, nicht nur durch das Zeugnis der Viten, sondern auch durch das Gregors von Tours als glaubhaft gelten. Das Ziel seiner Flucht war die im fünften Jahrhundert zum Gotenland gehörende Stadt Poitiers, wie durch die dort feststellbare Verehrung seines Grabes hinreichend gesichert ist. Für die zeitliche Eingrenzung seines Mainzer Pontifikats ergibt sich somit eine im Anfangspunkt unbestimmte Phase bis zum Jahreswechsel 406/7.

Über die Gründe, welche dazu geführt haben, daß er nicht in den Bischofslisten erscheint, kann nur spekuliert werden. Sollte die in der Mainzer Kirche schon seit dem neunten Jahrhundert nachweisbare Konzeption auf wahrer Erinnerung beruhen, nach der Alban ein Zeitgenosse des Bischofs Aureus war, der schon vor der Ankunft Theomasts und seines Schüler von Häretikern aus Mainz vertrieben worden war, kann vielleicht eine Erklärung gefunden werden: Theomast hätte dann nur für eine begrenzte Zeit den "offiziellen" Bischof Aureus vertreten, der nach der Überlieferung später in die 406/7 zerstörte Stadt zurückkehrte[505]. Ob eventuell darin oder eher in der Tatsache seiner 'Flucht in der Verfolgung'[506], der Grund für

---

[503] Vgl. etwa Wolfram, Das Reich 214/25.

[504] Erst in der Vita des 11. Jh. wird Theonest explizit als Bischof bezeichnet; schon D. Papebrochius (ActaSS Juni V [De Albano] 75f.,3) äußert Bedenken, da Theonest auch als ein "*vir egregius et ecclesiastica aliqua dignitate*" mit Schülern gereist sein könnte.

[505] Vgl. zur Aureustradition S. 86/90.

[506] In Erwägung gezogen von Ernst Dassmann im Handbuch der Mainzer Kirchengeschichte 1,1,47 (vgl. dazu S. 7) mit Verweis (ebd., Anm. 150) auf B. Kötting, Darf ein Bischof in der Verfolgung die Flucht ergreifen?: Vivarium. FS. Th. Klauser, hg. im Franz Joseph Dölger-Institut zur Erforschung der Spätantike von E. Dassmann u. K. Thraede = JbAC Erg.-Bd. 11 (1984) 220/8.

sein Fehlen in den Listen liegen mag, läßt sich nicht mehr ermitteln. Jedenfalls wird man bei der Aufstellung einer historischen Reihe der Mainzer Bischöfe Theomast nicht übergehen dürfen.

4. Zusammenfassung der Ergebnisse

Im ersten Teil der Arbeit wurde versucht, den Anfang einer bischöflich verfaßten Mainzer Kirche zu bestimmen. Sowohl die herangezogenen literarischen Quellen als auch die archäologischen Zeugnisse deuten auf einen Durchbruch des Christentums nicht vor der Mitte des vierten Jahrhunderts hin. Während der Kölner Bischof Maternus und Agroecius von Trier die Akten der Synode von Arles im Jahre 314 unterschrieben haben, fehlt noch ein Vertreter der Mainzer Kirche, die aufgrund der länger andauernden militärischen Prägung der Stadt offenbar erst später zur Entfaltung kommen konnte.

Wenn man von eher privaten Christen oder christlichen Gruppen absieht, die auch in Mainz gelebt haben werden, ist als ältestes unzweifelhaftes Zeugnis über eine sicher organisierte Christengemeinde in Mainz erst die Nachricht des Ammianus Marcellinus zu bewerten, der von dem Überfall des Alamannenfürsten Rando während der gutbesuchten Feier eines christlichen Festes im Jahre 368 berichtet.

Aus der Zeit nach diesem Ereignis stammen auch die ältesten erhaltenen christlichen Grabsteine. Hinsichtlich der ersten Kirchbauten liegt kein eindeutiger Befund vor. Nach den Ausgrabungen am Anfang dieses Jahrhunderts und unter Berücksichtigung der Zeitumstände ist die einzige archäologisch nachweisbare Kirche der römischen Zeit die Zömeterialkirche St. Alban, die in der ersten Hälfte des fünften Jahrhunderts über dem Grab des Märtyrers Alban erbaut worden ist. Sehr wahrscheinlich sind jedoch unter der heutigen St. Johanniskirche festgestellte Mauerreste in dem Sinne zu interpretieren, daß sich an dieser Stelle im vierten Jahrhundert die Bischofskirche befunden hat. Daß diese jedenfalls vor dem Jahre 368 erbaut worden sein muß, legt das Zeugnis des Ammianus Marcellinus über eine große Christengemeinde nahe.

Um die Mitte des vierten Jahrhunderts darf also in Mainz von einer kirchlichen Institution mit einem Bischof an der Spitze ausgegangen werden. Ob jedoch in den Bischofslisten sämtliche Namen erhalten sind, erscheint zweifelhaft; möglicherweise waren einige der ersten Namen in Vergessenheit geraten. Das Bedürfnis, auch die Anfangszeit des Bistums nachträglich mit Bischöfen zu belegen, ist dokumentiert in der nachträglichen Erweiterung der ältesten Liste, die erst mit Aureus, dem Märtyrer des fünften Jahrhunderts, einsetzt.

Hinter welchen Namen sich nach dieser Untersuchung historische Mainzer Bischöfe verbergen dürften, soll im folgenden noch einmal kurz rekapituliert werden: Zunächst konnte gezeigt werden, daß die seit dem zwölften Jahrhundert faßbare Aufnahme des Paulusschülers Crescens unter die Mainzer Bischöfe, um den Anschluß an die apostolische Zeit zu gewährleisten, jeder historischen Grundlage entbehrt.

Ebenfalls stark in Zweifel zu ziehen ist die Existenz des meist für den ersten Mainzer Bischof gehaltenen Marinus / Martinus. Wahrscheinlich geriet er infolge einer Verwechslung mit dem römischen Papst Marinus II., welcher in der Liste des Codex Bernensis ursprünglich gemeint war, in die Mainzer Bischofsreihe. Begünstigt wurde dies dadurch, daß im zehnten Jahrhundert der Fälscher der Kölner Konzilsakten offenbar einige in Serdica (342) anwesende gallische Bischöfe nach eigener Vorstellung bestimmten Sitzen zuordnete und somit nur scheinbar als Zeugnis für einen 'Martinus episcopus Moguntiacensium' für das Jahr 346 dienen kann.

Da auch die germanischen Namen Bothadus und Ruthardus nicht der römischen Zeit angehören können, dürfte mit Sophronius lediglich ein Bischof des vierten Jahrhunderts in den Listen authentisch erhalten sein, ohne daß über ihn jedoch weitere Angaben zu machen wären.

Am Anfang des fünften Jahrhunderts könnte der hl. Aureus den Mainzer Stuhl bestiegen haben, der wohl 436 durch einen Hunnenüberfall das Martyrium erlitt. Seine Ruhestätte fand er in der neuerrichteten St. Albansbasilika, wohin im Jahre 935 weitere zehn frühe Bischöfe, deren Namen (nur) durch Sigehard von St. Alban keineswegs glaubhaft überliefert sind, aus der ursprünglichen Grablege St. Hilarius überführt wurden.

Nach der Mainzer Tradition wurde Aureus bereits vor dem Vandaleneinfall vom 31. Dezember 406 durch Arianer vertrieben, kehrte aber später in die zerstörte Stadt zurück. Zur Zeit seiner Abwesenheit mag für einige Jahre der in den Bischofslisten fehlende Theomast die Mainzer Kirche geleitet haben, der - wie die Legende berichtet - mit seinem Schüler Alban nach Mainz kam. Während dieser 406/7 offenbar den Märtyrertod fand, konnte Theomast nach Poitiers fliehen, wo Gregor von Tours noch von der Verehrung seines Grabes zu berichten weiß.

Auf Aureus folgte nach den Listen Maximus, der als der letzte Bischof der Römerzeit anzusehen ist.

Nach der wahrscheinlichen Zerstörung von Mainz durch Attila und der Übernahme der Herrschaft durch die Franken blieb der Bischofssitz für fast ein Jahrhundert vakant.

Wohl noch in den 30er Jahren des sechsten Jahrhunderts erhielt Mainz in Sidonius aber wieder einen Bischof, von welchem in den um 566/7 verfaßten Gedichten des Venantius Fortunatus das erste historisch eindeutige Zeugnis vorliegt. In einem offenbar recht langen Pontifikat, das vielleicht bis 587 währte, gelang ihm eine umfassende Erneuerung der Mainzer Kirche, vor allem ihrer Gebäude, sowie der ganzen Stadt.

Sein Nachfolger Sigimund, der den Merowinger Childebert II. im Jahre 589 zum Osterfest einlud, führt die Reihe der germanischen Namen an; er wird bis in die Anfangsjahre des siebten Jahrhunderts im Amt gewesen sein.

Leudegasius war nach der Chronik des Fredegar im Jahr 612 Bischof von Mainz. Er wird das Amt sicherlich schon einige Jahre zuvor übernommen haben und vielleicht 614 verstorben sein, da die Unterschrift eines Mainzer Bischofs in den Akten des Konzils von Paris (614) fehlt.

Als seinen Nachfolger darf man Bothadus annehmen, der in den Bischofslisten zusammen mit Ruthardus fälschlich unter die römerzeitlichen Bischöfe eingeordnet ist. Er soll nach einer Urkunde des elften Jahrhunderts eine Nikomedeskapelle errichtet haben, für die er möglicherweise von Papst Bonifatius V. (619-625) Reliquien des römischen Märtyrers erhalten hatte.

Ob nach ihm Ruthardus oder aber der in den Listen genannte Petilinus Bischof wurde - falls letzterer nicht mit Bothadus zu identifizieren ist -, kann nicht erhellt werden, da sich keinerlei Nachrichten erhalten haben.

Auch auf Lanwaldus finden sich keine Hinweise außerhalb der Listen.

Diese überliefern erst mit Laboaldus wieder einen Namen, zu dem eine zeitliche Bestimmung versucht werden kann. Mit einiger Wahrscheinlichkeit ist er in der Namensform Ledoaldus durch eine Urkunde des Jahres 661 im Zusammenhang mit der Gründung der Abtei Weißenburg bezeugt.

Sein Nachfolger Rigibertus - erst vor diesem möchte E. Ewig Ruthardus einfügen - leitete mehreren Nachrichten zufolge in der Zeit um 800 die Mainzer Kirche. Deren gewachsener, auch auf thüringisches Gebiet ausgeweiteter Einfluß wird an seinem Wirken deutlich.

Über die beiden unmittelbaren Vorgänger des hl. Bonifatius, Geroldus und dessen Sohn Gewiliobus, können einige Informationen schon aus Quellen entnommen, die das Wirken des Kirchenreformators selbst betreffen. Während sich die genaue Amtszeit Gerolds, die innerhalb der Spanne von 720 bis 740 gelegen haben wird, nur abschätzen läßt, stellt das Jahr 745, in dem Gewiliob auf der gesamtfränkischen Synode abgesetzt wurde, den ersten sicheren Endpunkt eines Pontifikates dar. Beide gehörten zur vielbeklagten Gruppe der "falschen Kleriker" des achten Jahrhunderts, die ihre geistlichen Pflichten vernachlässigten.

Nachdem Gewiliob abgesetzt worden war und man den auf derselben Synode beschlossenen Plan, Köln zum festen austrasischen Erzbischofssitz zu erheben, aufgegeben hatte, erhielt Bonifatius 746/7 - in der persönlichen Würde eines Missionserzbischofs - den Mainzer Stuhl[507]. Zumal es seinem Nachfolger Lullus um das Jahr 780 gelang, die Stellung eines Erzbistums dauerhaft - für etwa ein Jahrtausend - an die Stadt zu binden[508], rückte diese seit jener Zeit sehr viel deutlicher in das Licht der Geschichte, und ein neuer Abschnitt in der Entwicklung der Mainzer Kirche begann.

---

[507] Vgl. dazu etwa Hauck, Kirchengeschichte 1,522f.; 526f.; Schieffer, Winfrid-Bonifatius 230/3; Ewig, Abwendung 18; Angenendt, Frühmittelalter 272f.
Die in zahlreichen späten Quellen (Libellus de rebus Treverensibus 4 [saec. XI in.; MGH. SS 14,101] Vita Bonifatii auctore Otloho 1,42 [ca. a. 1066; Levison 156,25], in den Gesta Treverorum 25 [saec. XII; MGH. SS 8,162,18f.; zur Datierung ebd. 116], im Chronicon adauctum des Ekkehard zum Jahr 742 [ca. a. 1137; MGH. SS 3,35, Anm. b; zur Datierung ebd. 21], in der bei Holder-Egger edierten Series VIII vor 'Bonifatius' [saec. XIII in.; Series: MGH. SS 13,310; 314]) vorfindbare Nachricht, Mainz sei vor Bonifatius dem Bistum Worms untergeordnet gewesen, kann nicht zutreffen; vgl. die ausf. Zurückweisung durch Heinemeyer, Erzbistum 17f. u. schon Brack, Geschichte 1,461.

[508] Vgl. etwa Büttner, Mainz im Mittelalter 15.

Literaturverzeichnis

In den Fällen, wo nicht das erste Substantiv eines Titels das in den Anmerkungen zitierte Stichwort darstellt, ist dieses in Klammern angegeben.

1) Quellen und Quellensammlungen

Ado von Vienne, Chronicon, hg. von J.P. Migne: PL 123 (1879) 23/143; Auszüge hg. von G.H. Pertz: MGH. SS 2 (1829) 317/23

Ado von Vienne, Martyrologium, hg. von J.P. Migne: PL 123 (1879) 201/419

De s. Albano Martyre Moguntiae in Germania Prima, einige Quellenauszüge mit Commentarius historicus hg. von D. Papebrochius (van Papenbroek): ActaSS Juni V (1867) 75/83

Ammianus Marcellinus, Res gestae, hg. von W. Seyfarth, 1. Bd.: Libri XIV-XXV, 2. Bd.: Libri XXVI-XXXI. (Leipzig 1978)

F. Arens, Die Inschriften der Stadt Mainz von frühmittelalterlicher Zeit bis 1650 = Die Deutschen Inschriften 2 (Stuttgart 1958)

Arnobius von Sicca, Adversus nationes, hg. von A. Reifferscheid = CSEL 4 (1875)

Athanasius, Historia Arianorum: Athanasius Werke 2,1, hg. von H.G. Opitz (Berlin 1941) 183/230

Athanasius, Apologia secunda (= Apologia contra Arianos): Athanasius Werke 2,1, hg. von H.G. Opitz (Berlin 1941) 87/168

Bonifatius, Briefe: Die Briefe des hl. Bonifatius und Lullus, hg. von M. Tangl = Epistolae selectae in usum scholarum ex MGH separatim editae 1 (Berlin 1916) (Ep. mit Nr. [Tangl mit S.])

zweisprachig in: Briefe des Bonifatius. Willibalds Leben des Bonifatius, hg. von R. Rau = Ausgewählte Quellen zur deutschen Geschichte des Mittelalters. Freiherr vom Stein-Gedächtnisausgabe IV b (Darmstadt ²1988)

Bonifatius, Vitae, s. Vitae Bonifatii

W. Boppert, Die frühchristlichen Inschriften des Mittelrheingebietes (Mainz 1971)

Breviere, s. unter Sekundärliteratur

Concilia aevi Merovingici, hg. von F. Maassen = MGH. Conc. 1 (=L 3,1) (1893)

Concilia Galliae a. 314 - a. 506, hg. von C. Munier = CCL 148 (1963)

Concilia Galliae a. 511 - a. 695, hg. von C. de Clercq = CCL 148a (1963)

Diplomata spuria, hg. von G.H. Pertz: MGH. DI 1 (1872) 111/215

Ekkehard von Aura, Chronicon ex Lamberti annalibus adauctum, Teile zitiert als Codex 3 in den Anmerkungen zu Lamberti annalium pars prior ab O.C. - 1039 (zu den Jahren 706; 742), hg. von G.H. Pertz: MGH. SS 3 (1839) 33; 35

Epiphanius von Salamis, Panarion, hg. von K. Holl = GCS 1-3 (1915/22)

Epistolae Austrasicae, hg. von W. Gundlach: MGH. Ep. 3 (1892) 110/53

Eusebius von Caesarea, Die Kirchengeschichte, hg. von E. Schwartz / T. Mommsen = GCS Eusebius 2/1-3 (1903/09)

De s. Ferrutio, Passio des 'Meginhard' mit Commentarius praevius hg. von V. de Buck: ActaSS XII (1884) 530/43

Flodoard, Historia Remensis ecclesiae, hg. von J. Heller / G. Waitz: MGH. SS 13 (1881) 409/599

Fredegar, Chronicae, hg. von B. Krusch: MGH. SRM 2 (1888) 1/194

Gesta Treverorum, hg. von G. Waitz: MGH. SS 8 (1848) 111/200

Goswin d. J. von St. Alban, Inventio et miracula ss. Aurei et Justinae mit der Epistola dedicatoria des Abtes Wernher (BHL 825), mit Commentarius praevius hg. von D. Papebrochius (van Papenbroek): ActaSS Juni IV (1867) 48/64 (zit. mit Seitenzahl, Kapitelzählung von Papebrochius, ggf. Seitenabschnitt A-F)

Gozwin d. Ä. von Lüttich, Passio s.Albani (BHL 200), hg. von O. Holder-Egger: MGH. SS 15,2 (1888) 984/90 (nur die Prologe und einige Auszüge der Kap. 23-27 und 36-38) u. J. Basnage (Hg.), Thesaurus monumentorum ecclesiasticorum et historicorum, sive Henrici Canisii Lectiones antiquae, ad saeculorum ordinem digestae variisque opusculis auctae, Tom. IV (Amsterdam 1725) 157/66 (vollständig ohne die Prologe)

Gregor von Tours, Historia Francorum, hg.von W. Arndt: MGH. SRM 1 (1885) 31/450 und von B. Krusch / W. Levison: MGH. SRM 1,1 (^{2}1951) 1/537 zweisprachig in: Gregor von Tours, Zehn Bücher Geschichten (Fränkische Geschichte), aufgrund der Übersetzung neu bearbeitet von R. Buchner, 2 Bde. (Darmstadt $^{7/8}$1990)

Gregor von Tours, Liber in gloria confessorum, hg. von B. Krusch: MGH. SRM 1 (1885) 744/820

Hieronymus, Epistulae, Pars III: Ep. 121-154, hg. von I. Hilberg = CSEL 56 (1918)

Hilarius von Poitiers, De synodis seu de fide Orientalium, hg. von J.P. Migne: PL 10 (1845) 479/546

Hrabanus Maurus, Carmina, hg. von E. Dümmler: MGH. PL 2 (1884)159/244

Hrabanus Maurus, Martyrologium:, hg. von J. McCulloh: CCM 44 (1979) 3/134

Inscriptiones Germaniae superioris, hg. von C. Zangemeister = CIL XIII,2,1 (Berlin 1905)

Irenaeus, Adversus haereses, hg. von A. Rousseau / C. Doutreleau / C. Mercier / B. Hemmerdinger = SC 100, 152/3, 210/1, 263/4, 293/4 (1965/82)

P. Jaffé, Bibliotheca rerum Germanicarum 3: Monumenta Moguntina (Berlin 1866 = Aalen 1964)

Jonas, Vita Columbani, hg. von B. Krusch: MGH. SRG 37 (1905) 1/294

F.X. Kraus, Die altchristlichen Inschriften der Rheinlande, 2 Bde. (Freiburg/ Leipzig 1890/94)

A. Kusternig, die vier Bücher der Chroniken des sogenannten Fredegar: Quellen zur Geschichte des 7. und 8. Jahrhunderts = Ausgewählte Quellen zur deutschen Geschichte des Mittelalters. Freiher von Stein-Gedächtnisausgabe, Bd. 4a (Darmstadt 1982)

Latomus, s. unter Sekundärliteratur

Libellus de rebus Treverensibus saec. VIII-X, hg. von G. Waitz: MGH. SS 14 (1883) 98/106

Liber Pontificalis, hg. von L. Duchesne, 3 Bde. (Paris 1955)

Lupus, s. Vita Maximini

Mainzer Grabschriften, hg. von K. Strecker: MGH. PL 5 (1937) 318/21 (Nr. 70/76)
(zur Hauptquelle Johannes Hebelin von Heymbach (Codex Wirceburgensis fol. 187) vgl. die Einleitung zu Epitaphia Moguntina, hg. von K. Strecker. MGH PL 4 (1923) 1036f.)

Mainzer Urkundenbuch, 1. Bd.: Die Urkunden bis zum Tode Erzbischof Adalberts I. (1137), bearb. von M. Stimming (Darmstadt 1932),
2. Bd.: Die Urkunden seit dem Tode Erzbischof Adalberts I. (1137) bis zum Tode Erzbischof Konrads (1200), Teil 1: 1137 - 1175, bearb. von P. Acht (Darmstadt 1968)

Marianus Scottus, Chronik, hg. von G. Waitz: MGH. SS 5 (1844) 495/562

Notitia dignitatum accedunt Notitia urbis Constantinopolitanae et Latercula Provinciarum, hg. von O. Seeck (Berlin 1876)

Olympiodor von Theben, Fragmenta, hg. von C. Müller = FHG 4 (Paris 1928) 57/68

Optatus von Mileve, Contra Parmenianum Donatistam, hg. von C. Ziwsa = CSEL 26 (1893)

Origenes, Commentarii in Matthaeum, hg. von E. Klostermann / E. Benz / L. Früchtel = GCS Origenes 10/12 (1933/55)

Otloh, s. Vita Bonifatii

Passio Ferrutii, s. De s. Ferrutio

Passiones Theonesti, s. De s. Theonesto

Prosper Tiro von Aquitanien, Chronicon, hg. von T. Mommsen: MGH. AA 9 (1892) 341/499

Griechische und lateinische Quellen zur Frühgeschichte Mitteleuropas bis zur Mitte des 1. Jahrtausends u. Z., hg. von J. Herrmann, 3. Teil: Von Tacitus bis Ausonius (2. bis 4. Jh. u. Z.) Berlin 1991; 4. Teil: Von Ammianus Marcellinus bis Zosimus (4. und 5. Jh. u. Z.) Berlin 1992 (zahlreiche Bearbeiter von Quellenauszügen; zitiert: Name des Bearbeiters: Quellen III bzw. IV)

Ravennatis anonymi cosmographia: Itineraria Romana 2, hg. von J. Schnetz (Leipzig 1940)

Regesten zur Geschichte der Mainzer Erzbischöfe von Bonifatius bis Heinrich II., bearb. von J.F. Böhmer / C. Will, 1. Bd. (Innsbruck 1877 = Aalen 1966) (Böhmer/Will, Regesten)

Rupert von Deutz, Liber de divinis officiis, hg. von R. Haacke = CCM 7 (1967)

Salvian von Marseille, De gubernatione Dei, hg. von F. Pauly: CSEL 8 (1883) 1/200

L. Schiaparelli (Hg.), Codice diplomatico langobardo, 1. Bd. = Fonti per la storia d'Italia 62 (Rom 1929)

Series archiepiscoporum Moguntinorum (Nr. I, Ia, II-IX), hg. von O. Holder-Egger: MGH. SS 13 (1881) 311/16

Sidonius Apollinaris, Carmina, hg. von C. Luetjohann = MGH. AA 8 (1887) 173/264

Sigehard von St. Alban, Bericht über die Erhebung der Gebeine der heiligen Aureus und Justina im Jahre 1297 (BHL 826), Auszüge mit Commentarius praevius hg. von D. Papebrochius (van Papenbroek): ActaSS Juni IV (1867) 61/66

(zit. m. Seitenzahl, Kapitelzählung von Papebrochius, ggf. Seitenabschnitt A-F)

Sozomenus, Kirchengeschichte, hg. von J. Bidez / G.C. Hansen = GCS Sozomenus (1960)

Tertullian, Adversus Iudaeos, hg. von A. Kroymann = CSEL 70 (1942)

De s. Theonesto, 3 Viten (BHL 8110; 8111/3; 8114; die letzte nur in Auszügen), mit Commentarius praevius hg. von B. Bassue: ActaSS Oktober XIII (1883) 335/48

Die Urkunden Heinrichs II. und Arduins (Heinrici II. et Arduini Diplomata), hg. von H. Bresslau, H. Bloch, R. Holtzmann u.a. = MGH. DR 3 (1900/03)

Urkundenbuch des Klosters Fulda, 1 (Die Urkunden der Äbte Sturmi und Baugulf), bearb. von E.E. Stengel (Marburg 1958)

Venantius Fortunatus, Carmina (und Appendix Carminum), hg. von F. Leo = MGH. AA 4,1 (1881) 7/292

Vita Bodardi, Inhaltsangabe von D. Papebrochius: ActaSS Juni VII (1867) 2

Vita quarta Bonifatii auctore Moguntino: Vitae sancti Bonifatii archiepiscopi Moguntini, hg. von W. Levison = MGH. SRG 57 (1905) 90/106

Vita Bonifatii auctore Otloho: Vitae sancti Bonifatii archiepiscopi Moguntini, hg. von W. Levison = MGH. SRG 57 (1905) 111/217

Vita Bonifatii auctore Willibaldo: Vitae sancti Bonifatii archiepiscopi Moguntini, hg. von W. Levison = MGH. SRG 57 (Hannover/Leipzig 1905) 1/58

Vita Columbani, s. Jonas

Vita Maximini episcopi Trevirensis, hg. von G. Henschenius (Henschen): ActaSS Mai VII (1867) 21/4

Vita Maximini episcopi Trevirensis auctore Lupo, hg. von B. Krusch: MGH. SRM 3 (1896) 71/82

2) Hilfsmittel

Online-Kataloge z.B. der UB Braunschweig (http://www.biblio.tu-bs.de/cgi-bin/acwww25u/kivk/maske.pl?db=kivk) und des Hochschulbibliothekszentrums NRW (http://www.hbz-nrw.de/literatur/set.html)

B. Altaner / A. Stuiber, Patrologie. Leben, Schriften und Lehre der Kirchenväter (Freiburg ^{9}1980)

Bibliotheca hagiographica Latina antiquae et mediae aetatis, hg. von den Bollandisten, 2 Bde. (Brüssel ^{2}1911)

Clavis Patrum Latinorum, hg. von E. Dekkers (Steenbrugge ^{2}1961)

H. R. Drobner, Lehrbuch der Patrologie (Freiburg 1994)

K. E. Georges, Ausführliches Lateinisch-deutsches Handwörterbuch, 2 Bde. (Hannover ^{8}1913 = Darmstadt 1988)

Graesse / Benedict / Plechl, Orbis Latinus. Lexikon lateinischer geographischer Namen, hg. u. bearb. von H. Plechl unter Mitarb. von G. Spitzbart (Braunschweig ^{4}1971)

H. Grotefend, Taschenbuch der Zeitrechnung des deutschen Mittelalters und der Neuzeit, hg. von T. Ulrich (Hannover ^{10}1960)

Tusculum-Lexikon griechischer und lateinischer Autoren des Altertums und des Mittelalters, bearb. von W. Buchwald, A. Hohlweg u. O. Prinz (München ^{3}1982)

3) Sekundärliteratur

F. Altheim, Geschichte der Hunnen, 4. Bd: Die europäischen Hunnen (Berlin ^{2}1975)

A. Angenendt, Das Frühmittelalter (Stuttgart ^{2}1995)

H. H. Anton, Trier im frühen Mittelalter = Quellen und Forschungen aus dem Gebiet der Geschichte N.F. 9 (Paderborn u.a. 1987)

F. Arens, Die evangelische Pfarrkirche St. Johannis: Führer 170/2

F. Arens (Bearb.), Die Kunstdenkmäler der Stadt Mainz, 1. Teil: Kirchen St. Agnes bis Hl. Kreuz = Die Kunstdenkmäler von Rheinland-Pfalz 4,1 (München 1961)

K. Arnold, Johannes Trithemius (1462 - 1516) = Quellen und Forschungen zur Geschichte des Bistums und Hochstifts Würzburg 23 (Würzburg 1971)

D. Baatz, Mogontiacum. Neue Untersuchungen am römischen Legionslager in Mainz = Limesforschungen 4 (Berlin 1962)

G. Behrens, Das frühchristliche und merowingische Mainz. Nach den Bodenfunden dargestellt = Kulturgeschichtlicher Wegweiser des Römisch-Germanischen Zentralmuseums Mainz 20 (Mainz 1950) (Frühchristlichen Mainz)

H. Bernhard, Die römische Geschichte in Rheinland-Pfalz: Die Römer in Rheinland-Pfalz, hg. von H. Cüppers (Stuttgart 1990) 39/168

Bibliotheca Sanctorum, hg. vom Istituto Giovanni XXIII, 12 Bde. u. Index-Bd. (Rom 1961-70)

F. J. Bodmann, Rheingauische Alterthümer oder Landes- und Regimentsverfassung des westlichen Niederrheingaues im mittleren Zeitalter, 1. Abt.: Die Landesverfassung (Mainz 1819)

W. Böhne, Art. Theonestos: LThK 10 (^{2}1965) 82f.

K. Böhner, Mainz im Altertum und im frühen Mittelalter: Gym 90 (1983) 369/88

W. Boppert, Die Anfänge des Christentums: Cüppers, Römer 233/57

C. A. Brack, Geschichte von Mainz bis zum Tode des Hatto des I. (913), I. Von dem Anfange der Stadt Mainz bis zur Gründung ihres erzbischöflichen Sitzes: Zeitschrift des Vereins zur Erforschung der rheinischen Geschichte und Alterthümer in Mainz 1 (Mainz 1845-51) 385/480

H. C. Brennecke, Synodum congregavit contra Euphratam nefandissimum episcopum. Zur angeblichen Kölner Synode gegen Euphrates: ZKG 90 (1979) 30/54 [176/200]

Breviarium Moguntinum (Köln 1570) (Bibliothek des Bischöflichen Priesterseminars Mainz, je. Martinus-Bibliothek (http://www.kath.de/bistum/mainz/martinus-bibliothek/, Sign: M2/968, D 253)

Breviarium Moguntinum, 2 Bde. (Mainz 1611) (Bibliothek des Bischöflichen Priesterseminars Mainz, je. Martinus-Bibliothek, Sign: M2/968)

K. J. Brilmayer, Rheinhessen (Gießen 1905)

A. Brück, Art. Sidonius: LThK 9 (^{2}1964) 735

C. Brühl, Palatium und Civitas. Studien zur Profantopotgraphie spätantiker Civitates vom 3. bis zum 13. Jahrhundert, 2. Bd.: Belgica I, beide Germanien und Raetia II (Köln/Wien 1990)

C. Brühl, Studien zu den Bischofslisten der rheinischen Bistümer: Politik, Gesellschaft, Geschichtsschreibung, FS F. Graus, hg. von H. Ludat u. R. C. Schwinges (Köln/Wien 1982) 39/48

H. Büttner, Zur Albanverehrung im frühen Mittelalter: ZSG 29 (1949) 1/16

H. Büttner, Frühes fränkisches Christentum am Mittelrhein: AMRhKG 3 (1951) 9/55

H. Büttner, Christentum und Kirche zwischen Neckar und Main im 7. und frühen 8. Jahrhundert: St. Bonifatius-Gedenkgabe zum zwölfhundertsten Todestag, hg. von der Stadt Fulda in Verbindung mit den Diözesen Fulda und Mainz (Fulda 1954) 362/87

H. Büttner, Die Franken und die Ausbreitung des Christentums bis zu den Tagen des Bonifatius: HJLG 1 (1951) 8/24

H. Büttner, Das fränkische Mainz. Ein Beitrag zum Kontinuitätsproblem und zur fränkischen mittelalterlichen Stadtgeschichte: Aus Verfassungs- und Landesgeschichte, FS T. Mayer, dargebracht von seinen Freunden u. Schülern, 2. Bd.: Geschichtliche Landesforschung. Wirtschaftsgeschichte. Hilfswissenschaften (Konstanz 1955) 231/43

H. Büttner, Mainz im Mittelalter. Gestalten und Probleme: Mittelrhein und Hessen. Nachgelassene Studien von H. Büttner, hg. von A. Gerlich = Geschichtliche Landeskunde 33 (Wiesbaden 1989) 1/50

H. Cüppers (Hg.), Die Römer in Rheinland-Pfalz (Stuttgart 1990)

E. Dassmann, Anfänge des Christentums im Rheinland: Bonner Universitätsblätter (1984) 83/97

E. Dassmann, Die Anfänge der Kirche in Deutschland. Von der Spätantike bis zur frühfränkischen Zeit = Urban-Taschenbücher 444 (Stuttgart u.a. 1993)

E. Dassmann, Art. Germania: Dizionario patristico e di antichità cristiane 2, hg. von A. Di Berardino (Casale Monferrato 1983) 1462/76; zitiert nach der englischen Ausgabe: E. Dassmann, Art. Germany: Encyclopedia of the early church 1, hg. von A. Di Berardino, übers. von A. Walford 1 (Cambridge 1992) 346/50

E. Dassmann, Archäologische Spuren frühchristlicher Paulusverehrung: RQ 84 (1989) 271/98

K.-V. Decker / W. Selzer, Mogontiacum. Mainz von der Zeit des Augustus bis zum Ende der römischen Herrschaft: ANRW 2,5,1 (1976) 458/559

A. Doll, Kloster Weißenburg. Seine Gründung und deren Zeugen. Bemerkungen zu F. Staab, Episkopat und Kloster ...: AMRhKG 44 (1992) 287/309

L. Duchesne, Fastes épiscopaux de l'ancienne Gaule, 3 Bde. (Paris ^{2}1907-15)

L. Duchesne, Le faux Cologne de Cologne (346): RHE 3 (1902) 16/29

K. H. Esser, Der Mainzer Dom: Führer 155/70

K. H. Esser, Der Mainzer Dom des Erzbischofs Willigis: Willigis und sein Dom, FS zur Jahrtausendfeier, hg. von A. P. Brück (Mainz 1975) 135/84

K. H. Esser, Mogontiacum: BoJ 172 (1972) 212/27

E. Ewig, Die Abwendung des Papsttums vom Imperium und seine Hinwendung zu den Franken: HKG(J) 3/1 (Sonderausgabe 1985) 3/30

E. Ewig, Beobachtungen zu den Bischofslisten der merowingischen Konzilien und Bischofsprivilegien: Landschaft und Geschichte, FS F. Petri, hg. von G. Droege u.a. (Bonn 1970) 171/93 (auch in: Spätantikes und fränkisches Gallien 2 = Beihefte der Francia 3/2, hg. von H. Atsma [München 1979] 427/55) (Bischofslisten)

E. Ewig, Beobachtungen zu den Klosterprivilegien des 7. und frühen 8. Jahrhunderts: Spätantikes und fränkisches Gallien 2, hg. von H. Atsma = Beihefte der Francia 3/2 (München 1979) 411/26 (Klosterprivilegien)

E. Ewig / K. Schäferdiek, Christliche Expansion im Merowingerreich: Die Kirche des frühen Mittelalters, hg. von K. Schäferdiek = Kirchengeschichte als Missionsgeschichte 2,1 (München 1978) 116/45

E. Ewig, Die ältesten Mainzer Bischofsgräber, die Bischofsliste und die Theonestlegende: Spätantikes und fränkisches Gallien 2 = Beihefte der Francia 3/2, hg. von H. Atsma (München 1979) 171/81

E. Ewig, Die ältesten Mainzer Patrozinien und die Frühgeschichte des Bistums Mainz: Spätantikes und fränkisches Gallien 2 = Beihefte der Francia 3/2, hg. von H. Atsma (München 1979) 154/70

E. Ewig, Die Merowinger und das Frankenreich = UTB 392 (Stuttgart ^{2}1993)

E. Ewig, "Milo et eiusmodi similes": St. Bonifatius-Gedenkgabe zum zwölfhundertsten Todestag, hg. von der Stadt Fulda in Verbindung mit den Diözesen Fulda und Mainz (Fulda 1954) 412/40

E. Ewig, Die Missionsarbeit der lateinischen Kirche, 13. Kap.: Die Bekehrung der Franken und Burgunden: HKG(J) 2/2 (Sonderausgabe 1985) 102/35

E. Ewig, Frühes Mittelalter = Rheinische Geschichte 1,2, hg. von F. Petri u. G. Droege (Düsseldorf 1980)

E. Ewig, Der Raum zwischen Selz und Andernach: Von der Spätantike zum frühen Mittelalter, hg. von J. Werner u. E. Ewig = Vorträge und Forschungen 25 (Sigmaringen 1979) 271/96

E. Ewig, Trier im Merowingerreich. Civitas, Stadt, Bistum (Trier 1954)

L. Falck, Geschichte von Mainz im frühen Mittelalter: Führer 58/100 (Mainz: Führer)

L. Falck, Mainz im frühen und hohen Mittelalter (Mitte 5. Jahrhundert bis 1244) = Geschichte der Stadt Mainz 2 (Düsseldort 1972) (Mainz)

L. Falck, Mainz. A. Stadt. II. Mittelalter: LMA (1993) 131/4

F. Falk, Die Cataloge der vorbonifatianischen Bischöfe von Mainz (Mainz 1870)

F. Falk, Das erste Jahrtausend christlicher Bau- und Kunstthätigkeit in Mainz: Annalen des Vereins für Nassauische Alterthumskunde und Geschichtsforschung 12 (1873) 1/20

F. Falk, Zur älteren mittelrheinischen Kirchengeschichte: Kath. 86 (1906) I, 375/79.

F. Falk, Heiliges Mainz oder die Heiligen und Heiligthümer in Stadt und Bisthum Mainz (Main 1877)

F. Falk, Zur Vita b. Bilhildis: Kath. 52 (1872) II, 88/94

F. Falk, Die älteste Zeit des Christentums zu Mainz und am Mittelrhein in Anschluß an die Funde zu St. Alban: Kath 88 (1909) 37/57

O. Falk, Kirchen in Laienbesitz während des 7.-11. Jahrhunderts: FDG 25 (Göttingen 1885) 576/8

A. Fath, Nicht Dodardus oder Theodardus, sondern Bodardus: AMRhKG 1 (1949) 255/67

H. E. Feine, Kirchliche Rechtsgeschichte. Die katholische Kirche (Köln/Wien ^{5}1972)

H. Friedrich, Die Anfänge des Christentums und die ersten christlichen Kirchengründungen in römischen Niederlassungen im Gebiet des Nieder- und Mittelrheins und der Mosel: BoJ 131 (1926) 10/113

J. Friedrich, Kirchengeschichte Deutschlands, 1. Bd: Die Römerzeit, 2. Bd.: Die Merowingerzeit (Bamberg 1867/69)

G. Fritz, St. Amandus, der erste Bischof von Strassburg und die trinitarischen Streitigkeiten im zweiten Viertel des vierten Jahrhunderts: AEAl 17 = NS 1 (1946) 1/19

J. Fuchs, Alte Geschichte von Mainz, 2 Bde. (Mainz 1771-72)

Führer zu vor- und frühgeschichtlichen Denkmälern, hg. vom Römisch-Germanischen Zentralmuseum Mainz, 11. Bd.: Mainz (Mainz 1969 = 1973) (Führer)

J. W. George, Venantius Fortunatus. A Latin Poet in Merovingian Gaul (Oxford 1992)

A. Gerlich, Mainz. B. Erzbistum und Erzstift: LMA (1993) 134/41

E. Gierlich, Die Grabstätten der rheinischen Bischöfe vor 1200 = Quellen und Abhandlungen zur mittelrheinischen Kirchengeschichte 65 (Mainz 1990)

A. B. Gottron, Mainzer Kirchengeschichte, mit einer Bibliographie von A. P. Brück (Mainz 1951)

É. Griffe, La Gaule chrétienne a l'époque Romaine I (Paris/Toulouse 1947)

H. Hahn, Über Gerold und Gewilieb, die Vorgänger des Bonifacius in Mainz: Jahrbücher des fränkischen Reichs. 741 - 752 = Jahrbücher der deutschen Geschichte (Berlin 1863)

Handbuch der Mainzer Kirchengeschichte 1: Christliche Antike und Mittelalter, hg. von F. Jürgensmeier (=Beiträge zur Mainzer Kirchengeschichte 6/1) Würzburg 2000 (konnte nicht mehr berücksichtigt werden)

A. von Harnack, Die Mission und Ausbreitung des Christentums in den ersten drei Jahrhunderten, 2. Bd.: Die Verbreitung (Leipzig ⁴1924)

F. J. Hassel, Die römische Siedlung und das Auxiliarlager von Mainz-Weisenau: Führer 105/7

A. Hauck, Kirchengeschichte Deutschlands, 1. Teil (Berlin/Leipzig ⁸1954)

E. Hegel, Die rheinische Kirche in römischer und frühfränkischer Zeit: Ecclesiastica Rhenana. Aufsätze zur rheinischen Kirchengeschichte, hg. von S. Corsten u. G. Knopp (Bonn 1986) 9/30

K. Heinemeyer, Das Erzbistum Mainz in römischer und fränkischer Zeit, 1. Bd.: Die Anfänge der Diözese Mainz = Veröffentlichungen der Historischen Kommission für Hessen 39 (Marburg 1979)
(dazu: Rezension von A. P. Brück: A.P. Brück: ZKG 94 (1983) 139f.)

F. J. Heyen, Das Gebiet des nördlichen Mittelrheins als Teil der Germania prima in spätrömischer und frühmittelalterlicher Zeit: Von der Spätantike zum frühen Mittelalter, hg. von J. Werner u. E. Ewig = Vorträge und Forschungen 25 (Sigmaringen 1979) 297/315

S. Heyne, Der heilige Bodardus in Geschichte und Legende: Rheinische Vierteljahrsblätter 58 (1994) 284-296

D. Hoffmann, Das spätrömische Bewegungsheer und die Notitia dignitatum, 2 Bde. = Epigraphische Studien 7, 1/2 (Düsseldorf 1969/70)

O. Holder-Egger, Zu deutschen Heiligenleben. 1. Gozwin und Gozechin, Domscholaster zu Mainz: NA 13, 1. Heft (1887) 9/21 (Gozwin)

F.-J. Jakobi, Zu den Amtsträgerlisten in der Überlieferung der Fuldaer Totenannalen: Die Klostergemeinschaft von Fulda, hg. von K. Schmid = Münstersche Mittelalterschriften 8,2,2 (Münster 1978)

G. C. Joannis, Rerum Moguntiacarum, 1. Bd. (Frankfurt 1722) (Bibliothek des Bischöflichen Priesterseminars Mainz, je. Martinus-Bibliothek, Sign.: L11/181,1)

F. Jürgensmeier, Das Bistum Mainz. Von der Römerzeit bis zum II. Vatikanischen Konzil = Beiträge zur Mainzer Kirchengeschichte 2 (Frankfurt 1988)

R. Kautzsch, Die Johanniskirche, der alte Dom zu Mainz: MZ 4 (1909) 56/70

Kellner (o.V.), Die beiden Feldzüge Karlmann's gegen die Sachsen und ihre Bedeutung für die Kirchengeschichte. Der Tod Gerold's von Mainz, die Lage des sächsischen Castell's Ohseburg und die Bekehrung des Eichsfeldes: Der Katholik 58 (1878) II, 150/9

Vorromanische Kirchenbauten. Katalog der Denkmäler bis zum Ausgang der Ottonen, bearb. von F. Oswald u.a. = Veröffentlichungen des Zentralinstituts für Kunstgeschichte in München 3 (München 1966); Nachtragsband, bearb. von W. Jacobsen (München 1991)

H. Klumbach, Legionslager: Führer 101/3

H. Klumbach, Mainz zur Römerzeit: Führer 35/44

H. Klumbach, Römische Stadtmauer: Führer 107/12

Frühchristliches Köln, hg. vom Römisch-Germanischen Museum Köln = Schriftenreihe der Archäologischen Gesellschaft Köln 12 (Köln 1965)

K. Körber, Die im Jahre 1907 gefundenen römischen und frühchristlichen Inschriften und Skulpturen: MZ 3 (1908) 1/18

B. Kötting, Art. Christentum I (Ausbreitung): RAC 2 (1959) 1138/59

J. Latomus, Catalogus episcoporum et archiepiscoporum Moguntinensium usque ad annum MDLXXXII, hg. von J. B. Mencken: Sriptores rerum Germanicarum (Leipzig 1730) 3,407/563 (Bibliothek des Bischöflichen Priesterseminars Mainz, je. Martinus-Bibliothek, Sign.: 19/32)

J. Ledroit, Das Christentum im römischen Mainz und seiner Umgebung: Volk und Scholle 10 (1932) 29/35; 152/7

W. Levison, Die Anfänge rheinischer Bistümer in der Legende: Aus rheinischer und fränkischer Frühzeit (Düsseldorf 1948) 7/27

U. Maiburg, "Und bis an die Grenzen der Erde ...". Die Ausbreitung des Christentums in den Länderlisten und deren Verwendung in Antike und Christentum: JbAC 26 (1983) 38/53

Martyrologium Romanum, scholiis historicis instructum, hg. von H. Delehaye, P. Peeters, M. Coens, B. de Gaiffier, P. Grosjean u. F. Halkin (ActaSS LXVII, Propylaeum ad ActaSS Decembris) Brüssel 1940

E. Mühlhaupt, Rheinische Kirchengeschichte von den Anfängen bis 1945 (Düsseldorf 970)

E. Neeb, Zur Baugeschichte der St. Albanskirche bei Mainz: MZ 3 (1908) 69/91

E. Neeb, Bericht über die Ausgrabungen des St. Albanskirche bei Mainz im Jahre 1908: MZ 4 (1909) 34/49

E. Neeb, Über die Lage des römischen Amphitheaters in Mainz: MZ 14 (1919) 34/8

W. Neuss, Die Anfänge des Christentums im Rheinlande (Bonn ^{2}1933)

W. Nopper, Art. Sidonius: LThK 9 (^{3}2000) 562

F. W. Oediger, Das Bistum Köln von den Anfängen bis zum Ende des 12. Jahrhunderts (Köln ^{2}1972)

B. Opfermann, Die Eichsfelder Aureus- und Justinaverehrung: Universitas, FS A. Stohr, hg. von L. Lenhart, 1. Bd. (Mainz 1960) 441/50

H. von Petrikovits, Altertum = Rheinische Geschichte 1,1, hg. von F. Petri u. C. Droege (Düsseldorf 1978)

H. von Petrikovits, Das Fortleben römischer Städte an Rhein und Donau im frühen Mittelalter: TZGTL 19 (1950) 72/81

H. von Petrikovits, Art. Germania (Romana): RAC 10 (1978) 548/653

H. von Petrikovits, Mogontiacum - das römische Mainz: MZ 58 (1963) 27/36

E. Pitz, Europa im Früh- und Hochmittelalter = Studienbuch Geschichte 3 (Stuttgart 1982)

F. W. Rettberg, Kirchengeschichte Deutschlands, 1. Bd. (Göttingen 1846)

J. Sartorius, Ist die Johanniskirche der alte Martinsdom?: MZ 41 (1946) 76/84

K. A. Schaab, Geschichte der Stadt Mainz, 4 Bde. (Mainz 1841-51)

K. Schäferdiek, Art. Germanenmission: RAC 10 (1978) 492/548

T. Schieffer, Winfrid-Bonifatius und die christliche Grundlegung Europas (Freiburg 1954)

K. Schmid, Die Klostergemeinschaft von Fulda im früheren Mittelalter = Münstersche Mittelalterschriften 8,1 (Münster 1978)

L. Schmidt, Die Ostgermanen = Geschichte der deutschen Stämme 1 (München ^{3}1941)

L. Schmidt, Geschichte der Wandalen (München ^{2}1942) (Wandalen)

M. Schottky, Mainz, Stadt am Rhein (Rheinland-Pfalz). A. Stadt, I. Antike: LMA (1993) 131

H. J. Schreiber, Die Geschichte des Kloster Maria Dalheim im heiligen Tal bei Mainz (Diss. masch. Mainz 1950) (Dalheim)

H. K. Schulze, Vom Reich der Franken zum Land der Deutschen. Merowinger und Karolinger = Siedler Deutsche Geschichte (Berlin 1994)

K. Schumacher, Das römische Mainz: MZ 1 (1906) 19/35

R. E. Schwerdtfeger, Der Dom zu Mainz. Eine bibliographische Handreichung: Die Bischofskirche St. Martin zu Mainz, FS H. Berg, hg. von F. Jürgensmeier = Beiträge zur Mainzer Kirchengeschichte 1 (Frankfurt 1986) 109/284

R. E. Schwerdtfeger, Kirche auf dem Weg - das Bistum Mainz, Bd. 1: Römische und fränkische Zeit (Strassbourg 1991)

W. Selzer, St. Alban: Führer 147/54

J. Semmler, Mission und Pfarrorganisation in den rheinischen und mosselländischen Bistümern (5. - 10. Jh.): Cristianizzazione ed organizzazione ecclesiastica delle campagne nell' alto medioevo: Espansione e resistenze. 10-16 Aprile 1980 = Settimane di studio del centro italiano di studi suell' alto mediaevo XXVIII,2 (Spoleto 1982) 813/88

N. Serarius, Moguntiacarum Rerum libri quinque (Mainz 1604) (Bibliothek des Bischöflichen Priesterseminars Mainz, je. Martinus-Bibliothek, Sign.: M2/284)

J. Silbernagl, Johannes Trithemius (Landshut 1868)

H. F. Singer, St. Auräus und sein Heiligthum bei Mainz (Mainz 1903)

F. Staab, Art. Alban: LThK 1 (^{3}1993) 320

F. Staab, Art. Aureus: LThK 1 (^{3}1993) 1256

F. Staab, Noch einmal zur Diplomatik der Weißenburger Urkunden: AMRhKG 44 (1992) 311/22

F. Staab, Episkopat und Kloster. Kirchliche Raumerschließung in den Diözesen Trier, Mainz, Worms, Speyer, Metz, Straßburg und Konstanz im 7. Jahrhundert durch die Abtei Weißenburg: AMRhKG 42 (1990) 13/56

F. Staab, Art. Ferrutius: LThK 3 (^{3}1995) 1247

F. Staab, Heidentum und Christentum in der Germania Prima zwischen Antike und Mittelalter: Zur Kontinuität zwischen Antike und Mittelalter am Oberrhein, hg. von F. Staab = Oberrheinische Studien 11 (Sigmaringen 1994) 117/52

F. Staab, Die Mainzer Kirche. Konzeption und Verwirklichung in der Bonifatius- und Theonesttradition: Die Salier und das Reich, 2. Bd.: Die Reichskirche in der Salierzeit, hg. von S. Weinfurter (Sigmaringen 1991) 1/77

F. Staab, Speyer im Frankenreich (um 500 - 918) = Geschichte der Stadt Speyer 1 (Stuttgart ^{2}1983)

F. Staab, Untersuchungen zur Gesellschaft am Mittelrhein in der Karolingerzeit = Geschichtliche Landeskunde 11 (Wiesbaden 1975)

M. Stimming, Die Stadt Mainz in karolingischer Zeit: Westdeutsche Zeitschrift für Geschichte und Kunst 31 (1912) 133/62

B. Stümpel, Die Urgeschichte von Mainz: Führer 19/34

C.-M. Ternes / R. Chevallier, Die Provincia Germania Superior im Bilde der jüngeren Foschung: ANRW 2,5,2 (1976) 721/1260

K. Weidemann, Die Topographie von Mainz in der Römerzeit und dem frühen Mittelalter: Jahrbuch des Römisch-Germanischen Zentralmuseums Mainz 15 (1968; gedruckt 1970) 146/99 (Topographie)

K. Weidemann, Zur spätantiken und frühmittelalterlichen Topographie von Mainz: Führer 45/57 (Karte in der Beilage) (Topographie: Führer)

H. Wieruszowski, Die Zusammensetzung des gallischen und fränkischen Episkopats bis zum Vertrag von Verdun (843) mit besonderer Berücksichtigung der Nationalität und des Standes: BoJ 127 (1922) 1/84

L. Wirtz, Franken und Alamannen in den Rheinlanden bis zum Jahre 494: BoJ 122 (1912) 170/240

H. Wolfram, Das Reich und die Germanen = Siedler Deutsche Geschichte (Wien 1990)

F. J. Worstbrock, Gozwin von Mainz: Die Deutsche Literatur des Mittelalters. Verfasserlexikon 3, hg. von K. Ruh u.a. (Berlin/New York 1981) 205/7

E. Zöllner (Bearb.), Geschichte der Franken bis zur Mitte des 6. Jahrhunderts, auf der Grundlage des Werkes von L. Schmidt unter Mitwirkung von J. Werner neubearbeitet von E. Zöllner = Geschichte der deutschen Stämme 2,2,2 (München 1970)

www.ingramcontent.com/pod-product-compliance
Lightning Source LLC
LaVergne TN
LVHW021827060526
838201LV00058B/3546